# POR UMA NOVA
# GESTÃO PÚBLICA

ANA PAULA PAES DE PAULA

# POR UMA NOVA GESTÃO PÚBLICA

Limites e potencialidades da experiência contemporânea

ISBN 978-85-225-0528-4

Copyright © 2005 Ana Paula Paes de Paula

Direitos desta edição reservados à
EDITORA FGV
Rua Jornalista Orlando Dantas, 37
22231-010 — Rio de Janeiro, RJ — Brasil
Tels.: 0800-021-7777 — 21-3799-4427
Fax: 21-3799-4430
e-mail: editora@fgv.br — pedidoseditora@fgv.br
web site: www.fgv.br/editora

Impresso no Brasil / *Printed in Brazil*

Todos os direitos reservados. A reprodução não autorizada desta publicação, no todo ou em parte, constitui violação do copyright (Lei nº 9.610/98).

Os conceitos emitidos neste livro são de inteira responsabilidade da autora.

1ª edição — 2005; 1ª reimpressão — 2007; 2ª reimpressão — 2008; 3ª reimpressão — 2009; 4ª e 5ª reimpressões — 2010; 6ª e 7ª reimpressões — 2011; 8ª reimpressão — 2012; 9ª reimpressão — 2014; 10ª reimpressão — 2016; 11ª reimpressão — 2017; 12ª reimpressão — 2020.

Revisão de originais: Ana Paula Dantas

Editoração eletrônica: FA Editoração

Revisão: Aleidis de Beltran e Mariflor Rocha

Capa: Inventum Design

Ficha catalográfica elaborada pela Biblioteca
Mario Henrique Simonsen/FGV

Paula, Ana Paula Paes de. Por uma nova gestão pública: limites e potencialidades da experiência contemporânea / Ana Paula Paes de Paula. — Rio de Janeiro : Editora FGV, 2005.
204 p.

Inclui bibliografia.

1. Administração pública — Brasil. I. Fundação Getulio Vargas. II. Título.

CDD — 353

*Em memória de
Alberto Guerreiro Ramos,
Maurício Tragtenberg e
Fernando Prestes Motta*

*A democracia está sempre* ad-venire, *justamente porque nunca sacrifica a opacidade da fricção e do conflito à utopia de uma transparência absoluta. A democracia não se aproveita de um clima temperado, nem de uma luz perpétua e uniforme, justamente porque se nutre daquela paixão do desencanto que mantém unidos — numa tensão irresolvível — o rigor da forma e a disponibilidade em acolher "hóspedes inesperados".*

Giacomo Marramao

# Sumário

Prefácio    11

Apresentação    15

Introdução    21

Parte I — A nova administração pública: construção, consolidação e crítica    25
    1. A edificação da nova administração pública    27
    2. A contribuição do movimento "reinventando o governo"    53
    3. A influência da terceira via e da governança progressista    65
    4. Um modelo de gestão em crise    81

Parte II — Em busca de uma gestão pública democrática:
    o caso brasileiro    103
    5. Antecedentes da reforma dos anos 1990 no Brasil    105
    6. A nova administração pública no Brasil    117
    7. Uma crítica da experiência brasileira    135
    8. A administração pública societal    153

Conclusão    173

Referências bibliográficas    181

# Prefácio

No Brasil, sob o pensamento único neoliberal, o ensino e a pesquisa em administração pública não têm sido preocupação do mundo acadêmico, já que o interesse maior está voltado para a habilitação e análises que foquem o setor privado de produção. Esta situação tem se agravado à medida que o modelo macroeconômico de turno vem apontando a necessidade de um Estado mínimo que significa, entre outras coisas, a diminuição do aparelho burocrático e desdenha de tudo que tem origem no Estado. Desprezo que aponta não só disfunções como atribui à burocracia pública uma das origens dos males da sociedade brasileira. A corrupção, por exemplo, sempre é observada como uma disfunção exclusiva de órgãos públicos, mas onde existem corruptos é porque há corruptores.

Assim, publicações sobre gestão pública não são uma preocupação do "mercado editorial". Predomina nas editoras o interesse pela divulgação de livros que atendam à gestão empresarial, ao mercado. Contrariando isso, em boa hora a Editora FGV publica um livro que discute, conceitualmente, a administração pública brasileira e a procedência de suas mais recentes propostas de mudança. Dizemos conceitualmente porque o livro de Ana Paula não pretende ser um manual para boas práticas em gestão pública. O impulso do livro é promover a discussão de dois modelos de gestão pública: o de vertente gerencial e o de vertente societal, configurações que nas duas últimas décadas têm orientado e questionado a prática gerencial da estrutura burocrática do Estado brasileiro.

O livro tem uma característica rara em publicações dedicadas ao tema da gestão pública e mesmo da gestão empresarial, antes de focar o seu objetivo, que é discutir os senões da nova administração pública, descreve o contexto que lhe deu origem.

Enfatizando que a denominada *new public management* tem seus fundamentos no neoliberalismo econômico, "onda" que chega às costas brasileiras, e aos brasileiros, na década noventa do século passado, cujas consequências ainda sentimos. Procurou legitimar-se apoiada em outras experiências, como os casos norte-americano e inglês, sob o que se convencionou chamar de *reaganismo* e *thatcherismo*. Nessa contextualização não ficou de fora a "marola" da "terceira via", do empreendendorismo vitoriano, como também são relatados os projetos de reformas administrativas de países como Austrália e Nova Zelândia.

Dessa análise contextual, destacamos que a busca da eficiência da nova administração pública, do "reinventando o governo", passou a ser referenciada por teorias e técnicas organizacionais oriundas do ambiente empresarial. Exemplos de tecnologias modernizadoras das organizações estatais, no final do século XX, foram a gestão pela qualidade total, a reengenharia, o *downsizing* e o *benchmarking* — a flexibilização organizacional. Sob essa perspectiva, a cidadania deixa de ser o conjunto da população pela qual o Estado republicanamente deve zelar pelo bem-estar, para ser vista como um cliente, uma meta, um resultado a ser alcançado. Em algumas proposições "progressistas" de reforma, ao substantivo "cidadão" é acrescentado o substantivo "cliente" — cidadão-cliente, configurando-se com isso o uso, e abuso, das terminologias da "mão invisível" no que deveria ser visível, a gestão pública.

A tradução desse desejo modernizador para o caso da administração pública brasileira foi idealizada em 1994 no então Ministério da Administração Federal e da Reforma do Estado Brasileiro (Mare) no governo de Fernando Henrique Cardoso. Não podemos esquecer que a pretensão de reforma já vinha sendo projetada desde o "breve" Collor de Mello, mudanças recomendadas pelo antanho "Consenso de Washington". O documento que em 1995 formaliza os intentos de modificação da burocracia pública brasileira será denominado de Plano Diretor da Reforma do Estado, que dividia as atividades estatais em dois segmentos: atividades exclusivas do Estado (a legislação, a regulação, a fiscalização, o fomento e a formulação de políticas públicas); e atividades não exclusivas do Estado (os serviços de caráter competitivo e as atividades auxiliares ou de apoio). Cabe observar que essa proposta de reforma não se restringia ao nível federal de governo; estados e municípios também deveriam acompanhar o novo modelo de gestão.

Este livro, ao propor discutir os conceitos de gestão pública segundo as vertentes gerencial e societal, traz uma grande contribuição para o ensino da Administração no Brasil, porque ao descrever as contradições das duas vertentes, o faz levando em consideração não só o pensamento gerencial da coisa pública, mas põe em discussão o pensamento gerencial que, nas últimas décadas do século XX e entrante deste, tem determinado o comportamento da gestão privada. Assim, temas como fordismo e pós-fordismo, flexibilização organizacional e toyotismo, além dos já citados gestão pela qualidade ou reengenharia, também são contemplados. O que torna o texto não só de interesse daqueles estudiosos e praticantes da administração pública, como daqueles que atuam no âmbito do setor privado e, até mesmo, dos interessados na gestão do chamado terceiro setor.

Enquanto a vertente gerencial fundamenta seus pressupostos no pensamento organizacional do setor empresarial privado, onde a gestão estratégica (monológica) é o determinante das relações produtivas e cujas dimensões são pautadas pelo econômico-financeiro; a vertente societal por sua vez tem como princípio a intersubjetividade das relações sociais, de uma gestão social (dialógica), na qual se destaca a dimensão sociopolítica do processo de tomada de decisão. Se a vertente gerencial referencia as mudanças na gestão pública a partir das configurações dos agentes econômicos, a vertente societal baliza a discussão de novos arranjos institucionais a partir de esferas públicas.

Um outro ponto a salientar neste livro é a maneira como são apresentadas as conclusões do estudo. Embora de imediato o leitor tenha tendência a perceber de qual "lado" está a autora, nas suas conclusões ela põe de manifesto que a vertente societal ainda está em processo, não é um conhecimento institucionalizado no país. A maioria das experiências brasileiras que se aproximam da vertente societal estão restritas à administração municipal. Ainda são exceções processos decisórios descentralizados nos níveis estadual e federal. Sem considerar que pouquíssimos são os casos de processos dialógicos a partir dos poderes judiciário e legislativo. No entanto, a autora comenta que a vertente empresarial tem contribuído para melhorar a eficiência gerencial do setor público na medida em que possui com clareza o modelo que deseja implementar, situação que não ocorreria com a vertente societal. Talvez, o que tenha impedido a existência de um maior número de experiências societais, deva-se ao próprio processo de elaboração de seus "modelos". Não são projetados *a priori*, de cima para baixo como o faz o setor empresarial, são propostas discutidas sob as condições históricas de cada situação institucional a ser reformada.

Gostaríamos de sublinhar, nesta discussão, um outro aspecto que pode dificultar a implantação de mudanças tanto a partir de uma vertente como de outra. O aspecto está relacionado à historiografia da burocracia pública brasileira, principalmente entre os anos 1950 e o início deste século. O setor público convive com um comportamento gerencial e estrutura organizacional "formatada" em três momentos. O primeiro foi aquele que treinou o servidor público e estruturou a burocracia para atuar como agente do processo de desenvolvimento do país e que tinha no planejamento o instrumento principal da ação gerencial. No segundo momento (valorizado a partir da última década do século XX), o funcionário público e a estrutura organizacional foram considerados como ineficientes e aqueles servidores que permanecessem no sistema, deveriam ser capacitados para não mais planejar, mas sim regular, controlar e auditar, que seriam suas novas funções. No terceiro momento, o que vivemos, foi gerada uma expectativa, pré-eleição, de valorização do servidor público bem como de que o aparato público poderia voltar a desempenhar um papel ativo nos destinos do país. Até a presente data ainda aguardamos essa possibilidade. É notória a ambiguidade do cenário que vivenciamos, ilustra essa situação o atual papel das agências reguladoras. Portanto, parece que a cultura gerencial da burocracia pública brasileira ainda convive com resquícios dos primeiro e segundo momentos sem ter, contudo, identificado o significado do terceiro momento.

Um elemento adicional à discussão promovida neste livro diz respeito às reformas administrativas ocorridas nas últimas décadas do pensamento único no país. Na realidade, tais "reformas", no âmbito federal, estadual ou municipal, têm sido mais de substituição ou acomodações de pessoas e/ou agremiações, do que de intenções planejadas para efetiva mudança. Assim, para a implementação de mudanças a partir de uma ou outra vertente, quem sabe até a combinação das duas, é necessário que o país tenha um projeto de desenvolvimento e, atrelada a ele, ocorra uma adequada reestruturação das organizações do setor público a fim de serem coetâneas com as necessidades e anseios do país. A excessiva preocupação com o equilíbrio fiscal tem deixado o Brasil sem uma referência de futuro.

Finalmente, gostaríamos de destacar não só a relevância do conteúdo do texto, pois ele certamente contribuirá para discussões e ampliações (na conclusão a autora propõe vários pontos para reflexão), mas também ressaltar a pessoa Ana Paula que, como poucos, sabe combinar o papel de professor com o de pesquisador. Na minha vida como docente poucas vezes tive a oportunidade de conhecer pessoas com conhecimento tão vasto e compreensivo sobre temas sociopolíticos e suas convergências com questões relacionadas ao pensamento organizacional, como foi o caso de Ana Paula. Além dos artigos já publicados, o presente livro provavelmente contribuirá para que a professora e pesquisadora da UFMG, continue no seu discreto trabalho de reflexão sobre o que de substantivo existe tanto na teoria como na prática da administração pública e empresarial brasileira.

*Fernando G. Tenório*
Professor da Ebape/FGV

# Apresentação

Antes de convidar o leitor a conhecer esta obra, gostaria de contar um pouco a história deste livro e as razões que me levaram a escrevê-lo. Para isto, preciso retroceder um pouco no tempo, voltando à época em que, recém-formada em Administração de Empresas, iniciava o mestrado em administração pública e governo na Eaesp/FGV. O ano era 1995 e o tema do momento a Reforma Gerencial do Estado. No programa de mestrado, estudávamos as propostas de reforma e também as características da chamada nova administração pública, que se desenvolvia na Inglaterra, nos Estados Unidos, na Nova Zelândia, na Austrália e em outros países e estava sendo trazida para o Brasil pelo então ministro da Administração e Reforma do Estado (Mare), Luiz Carlos Bresser--Pereira. Assim, líamos textos recentes sobre a reforma em curso e também o *best-seller* do momento, *Reinventando o governo*, de Osborne e Gaebler.

No entanto, naquela época, este tema se distanciava das motivações que me levaram a fazer o mestrado, pois na realidade estava interessada em algo que me parecia realmente novo na gestão pública brasileira: algumas experiências inovadoras que rompiam com os padrões da nossa administração pública. Poucos meses antes havia feito uma monografia sobre a responsabilidade social das empresas na FEA/USP e isto me levou a examinar mais de perto a contribuição das organizações não governamentais (ONGs) para estas novas experiências de gestão pública. O professor doutor Peter Kevin Spink também estava interessado nestas experiências e se tornou meu orientador quando passou a coordenar o primeiro concurso "Gestão Pública e Cidadania".

Durante a elaboração da dissertação, precisei mapear os antecedentes das ONGs e para isto tive que resgatar os movimentos sociais das décadas de 1970 e 1980. Senti necessidade de buscar interlocutores especializados nesta temática e então me matriculei como aluna especial em uma disciplina ministrada pela professora doutora Evelina Dagnino, no IFCH/Unicamp. Foi nesta época que conheci as pessoas que viriam a compor o "Grupo de Estudos sobre a Construção Democrática" — Ana Cláudia Teixeira, Luciana Tatagiba, Regina Laisner, Maria do Carmo Carvalho, Lígia Lüchmann, Carla Almeida e Sérgio Carvalho — com as quais troquei muitas ideias e experiências que enriqueceriam meu trabalho.

Em 1998, quando finalizei a dissertação, continuava com a sensação de que havia algo inédito acontecendo na administração pública brasileira que havia escapado às minhas interpretações. Por este motivo, decidi me aprofundar nesta questão nos meus estudos de doutorado no IFCH/Unicamp. Em virtude de minha experiência como professora na Faculdade de Tecnologia (Fatec), onde ministrava aulas de administração geral desde 1995, comecei a visualizar esta questão a partir da perspectiva dos estudos organizacionais.

Intrigava-me a maneira mecânica e a-histórica pela qual as tendências da administração de empresas costumavam ser apresentadas aos estudantes, bem como a existência de algumas técnicas e práticas administrativas que pretendiam ser remédio para todos os males empresariais. Nos livros, revistas e palestras falava-se muito de qualidade total, reengenharia, *benchmarking* e outras coisas do gênero, mas não se abordava a vida real nas empresas. Por este motivo, sempre incentivei meus alunos a explorarem a verdade sobre o seu cotidiano nas organizações e a questionarem as recomendações dos gurus da administração e os modismos administrativos.

Eu estava interessada não somente pelas novidades na administração pública brasileira, mas também pelas consequências do movimento gerencialista no âmbito das organizações. Estudando o tema que escolhi para o meu doutorado, comecei a perceber que as novidades da gestão pública eram locais e fragmentárias e isto dificultava que elas se transformassem em um referencial para a reforma e a gestão do Estado. Por outro lado, na esfera federal, havia um modelo esquemático de gestão ocupando o espaço da novidade: era a "nova administração pública", que se inspirava nas ideias gerencialistas.

Motivada por esta questão, resgatei os textos arquivados da época do mestrado, que versavam sobre a nova administração pública, a "reinvenção do governo" e a reforma empreendida por Bresser-Pereira. Percebi então que o entendimento do fenômeno que se desenvolvia nas esferas locais passava primeiro pela compreensão do que estava se passando na esfera federal e pelo questionamento do movimento gerencialista. Por este motivo, decidi reescrever meu projeto de doutorado incluindo uma análise detalhada da nova administração pública e apontando as novidades de gestão que me interessavam como um contraponto.

Em 2000, esta nova versão do projeto foi aprovada pela Fapesp, que me concedeu uma bolsa, permitindo meu afastamento das atividades docentes para dedicação integral ao doutorado. Na época, passei uma temporada no Rio de Janeiro e como estava bastante interessada no gerencialismo, que é uma das bases de sustentação da nova administração pública, me matriculei em duas disciplinas ministradas pelo professor doutor Fernando Tenório na Ebape/FGV, pois ele se propunha a examinar a teoria das organizações a partir de uma perspectiva mais crítica.

Foi durante minha participação nas disciplinas cursadas na Ebape/FGV que comecei a entrar em contato com o trabalho dos críticos brasileiros das organizações — Alberto Guerreiro Ramos, Maurício Tragtenberg e Fernando Prestes Motta. A partir de uma releitura dos livros de Maurício Tragtenberg, montei um seminário sobre sua contribuição para os estudos organizacionais críticos, que resultou em um artigo sobre a atualidade do seu pensamento, que apresentei no Encontro Nacional de Pós-Graduação em Administração (Enanpad) em 2000 e que foi publicado pela *Revista de Administração Pública* em 2002, representou um passo importante no trabalho, pois me permitiu analisar uma das bases do gerencialismo: a crítica das organizações burocráticas e a flexibilização das organizações.

Foi nesse encontro que conheci o professor doutor Thomaz Wood Júnior, com quem passei a desenvolver alguns trabalhos sobre a crítica do gerencialismo, que também foram fundamentais para o desenvolvimento de minha tese de doutorado. No meu retorno para Campinas, conheci o professor doutor Reginaldo Corrêa Carmelo de Moraes, que passou a orientar o projeto da tese, permitindo-me discutir com mais clareza outras bases da nova administração pública: as reformas neoconservadoras de Thatcher e Reagan, o movimento neoliberal, a teoria da escolha pública e a política de terceira via. Paralelamente aprofundava os estudos organizacionais críticos, trocando ideias com o professor doutor Fernando Prestes Motta, com o professor Rafael Alcadipani, com a professora doutora Maria Ceci Misoczky e outros estudiosos do campo.

Estava munida então dos elementos necessários para elaborar minha tese de doutorado, que foi defendida em fevereiro de 2003. Alguns meses depois, a Editora FGV aceitou publicá-la como um livro, cujo texto retrabalhei e organizei em duas partes. Na primeira parte, discuto as bases da nova administração pública, examinando seus antecedentes e componentes, mostrando como o movimento neoconservador, o neoliberalismo, a política de terceira via e o movimento gerencialista se articularam para dar origem a este modelo de gestão. Também procuro fazer uma crítica e mostrar os limites deste modelo.

Na segunda parte, examino o caso brasileiro, resgatando a história da administração pública nacional e constatando que a recente reforma do Estado se organizou em torno de duas orientações políticas: a vertente gerencial, que se inspira no movimento internacional pela reforma do Estado e implementa a administração pública gerencial; e a vertente societal, que busca novas formas de organização e administração do Estado para constituir uma administração pública societal.

As propostas da vertente gerencial foram concebidas e implementadas durante o governo de Fernando Henrique Cardoso, com a participação ativa do ex-ministro da Administração e Reforma do Estado Bresser-Pereira. A vertente se tornou hegemônica quando a aliança social-liberal alcançou o poder e implementou a administração pública gerencial. A vertente societal se inspira nas experiências alternativas de gestão pública realizadas no âmbito do poder local no Brasil, como os conselhos gestores e o orçamento participativo. Esta vertente tem suas raízes nas formulações do campo movimentalista dos anos 1970 e 1980 e nas políticas públicas implementadas pelas frentes populares nos anos 1990. Seu projeto de construir uma administração pública societal ganhou nova dimensão com a vitória da aliança popular-nacional nas eleições presidenciais de 2002. No entanto, a experiência vem demonstrando que a emergência e consolidação deste novo modelo de gestão é um fenômeno independente deste resultado eleitoral e do desempenho do governo Lula, pois deriva de uma evolução sociopolítica que vem se desenrolando desde o final da década de 1960 no âmbito da sociedade.

Na segunda parte, enfrentei a dificuldade de estar discutindo um momento da história brasileira que ainda não encontrou um desfecho. Enquanto eu escrevia o texto, o projeto político da vertente gerencial caminhava para o impasse que impossibilitou sua permanência no poder. No que se refere ao projeto político da vertente societal, a situação é ainda mais complexa, uma vez que ele ainda se encontra em construção. O que chamei de administração pública societal depende da consolidação de um amálgama capaz de unir experiências locais e fragmentadas como os fóruns temáticos, os conselhos gestores, o orçamento participativo e outras iniciativas bem-sucedidas de gestão pública, com a participação popular em um projeto único de gestão e forma do Estado.

Vale ressaltar que precisei ser bastante persistente para dar continuidade a este trabalho. No auge da era FHC, quando mencionava nos círculos acadêmicos que estava analisando a nova administração pública frequentemente era questionada sobre o motivo de investir tanto esforço analítico em uma reforma e modelo de gestão que já estavam consumados. Tais colocações, no entanto, não me desanimavam, pois confirmavam minhas impressões sobre o desencanto da academia com as possibilidades de transformação social e o abandono das análises que resgatam a história.

A resistência ao meu trabalho também se manifestava entre os que apostavam e acreditavam nas experiências alternativas de gestão. Muitos me aconselhavam a não dar tanta ênfase na análise do que estava se passando na esfera federal, me incentivando a estudar mais a fundo as experiências em si, como os conselhos gestores de políticas públicas e o orçamento participativo. No entanto, eu insistia em dizer que não bastava constatar que não havia uma visão unívoca de reforma e gestão pública. Era preciso fazer uma crítica do modelo de gestão hegemônico.

Reconheço que a análise da experiência brasileira foi uma empreitada um pouco arriscada, uma vez que tive que examinar uma história que ainda está em andamento. De qualquer forma, justamente por este motivo tentei não absolutizar minhas posições. Primeiro, vale mencionar que em nenhum momento pretendi afirmar que devemos evitar a transferência de ideias e ferramentas utilizadas na administração de empresas para o domínio da gestão pública. O que quis deixar claro é que é preciso considerar o contexto no qual estas foram elaboradas e os problemas que causaram nas próprias organizações empresariais. Além disso, tentei demonstrar que temos outras opções para conduzir a gestão pública, pois há experiências bem-sucedidas nesse sentido e é sempre possível elaborar ideias e ferramentas adequadas ao interesse público e que viabilizem o exercício dos direitos políticos através da participação popular.

Também acho que é importante frisar que não vejo na administração pública societal a solução para todos os problemas de interesse público. O que vejo é um potencial que pode ou não ser desenvolvido e que depende sobretudo das articulações entre o Estado e a sociedade, e do amadurecimento de arranjos institucionais que viabilizem a gestão pública democrática. As possibilidades são enormes e os desafios também, mas somente o futuro poderá nos contar o desfecho desta empreitada. Agradeço a todos que tornaram este livro possível e espero que ele ajude a apontar caminhos para os pesquisadores que gostariam de contribuir para mudar os rumos desta história.

# Introdução

Nas últimas décadas, transformações econômicas e sociais trouxeram a reforma do Estado e de sua administração para o centro da agenda política de diversos países. Neste contexto, mudanças foram realizadas na forma de organizar o Estado e gerir a economia nacional, mas a evolução das práticas administrativas em direção ao interesse público e à democracia ainda permanece um desafio. Os pesquisadores continuam buscando diálogo entre a administração e a ciência política, mas enfrentam dificuldades, pois os dois campos do conhecimento tendem a se distanciar.

Historicamente voltada para as soluções técnicas, a administração enfatiza mais os aspectos instrumentais da gestão do que os sociopolíticos: focaliza-se a eficiência dos processos gerenciais e delega-se a análise dos seus impactos para a ciência política. O resultado tem sido um descompasso entre as três dimensões que consideramos fundamentais para a construção de uma gestão pública democrática:

- a dimensão econômico-financeira, que se relaciona com os problemas no âmbito das finanças públicas e investimentos estatais, envolvendo questões de natureza fiscal, tributária e monetária;
- a dimensão institucional-administrativa, que abrange problemas de organização e articulação dos órgãos que compõem o aparato estatal, assim como as dificuldades de planejamento, direção e controle das ações estatais e a questão da profissionalização dos servidores públicos para o desempenho de suas funções;
- a dimensão sociopolítica, que compreende problemas situados no âmago das relações entre o Estado e a sociedade, envolvendo os direitos dos cidadãos e sua participação na gestão pública.

O equilíbrio entre essas dimensões é indispensável para a consolidação de uma gestão pública democrática, mas devido à clássica dicotomia entre a política e a administração há uma tendência de se relegar a dimensão sociopolítica ao segundo plano. Em consequência, atualmente a gestão pública enfrenta barreiras para lidar com relações entre o Estado e a sociedade, evoluindo na direção de uma abordagem mais democrática.

Por outro lado, uma vez que a administração de empresas assumiu uma posição hegemônica na produção do conhecimento administrativo, a administração pública vem se mantendo subordinada aos seus princípios e recomendações. No entanto, posto que a gestão do setor privado se volta predominantemente para os resultados, a democratização e o interesse público acabam perdendo terreno para a eficiência técnica. Logo, este caráter subsidiário da administração pública dificulta o desenvolvimento de um saber técnico que seja adequado às suas especificidades e que também contemple os aspectos políticos.

Em alguns países, durante boa parte do século XX, a busca de uma diferenciação entre a gestão empresarial e a pública esteve presente nos domínios acadêmicos e governamentais. Entretanto, a partir da década de 1970, a tentativa de adaptar e transferir os conhecimentos gerenciais desenvolvidos no setor privado para o setor público começou a se tornar preponderante, principalmente no Reino Unido e nos Estados Unidos. Esta visão alcançou o seu auge nos anos 1980 com a emergência da *new public management* ou nova administração pública. Pelo tratamento do provimento dos serviços públicos como um negócio e pela inserção da lógica empresarial no setor público, a nova administração pública também ficou conhecida como administração pública gerencial.

Surgida em uma época na qual a sociedade começou a requisitar o espaço tomado pelo Estado na gestão do interesse público, a nova administração pública absorveu a seu modo um discurso que enfatiza a democracia e a participação, ou seja, a dimensão sociopolítica da gestão. Combinando esse discurso com propostas práticas para a administração do Estado, esse modelo de gestão pública se tornou uma referência para os processos de reforma em diversos países.

Partindo de tais considerações, neste livro colocamos em questão o caráter inovador e democrático da nova administração pública. O objetivo é discutir os limites desse modelo de gestão e também identificar alternativas que apontem caminhos para a construção de uma gestão pública democrática. Para tanto, examinamos as raízes desse modelo de gestão e analisamos a experiência brasileira. A tese central deste trabalho é que a nova administração pública mantém a dicotomia entre a política e a administração, pois adere a uma dinâmica administrativa que reproduz a lógica centralizadora das relações de poder e restringe o acesso dos cidadãos ao processo decisório. Além disso, apontamos que o seu grau de inovação é questionável, uma vez que esse modelo tende a imitar as ideias e práticas da gestão empresarial, desviando-se da elaboração de alternativas administrativas adequadas para o setor público.

Tomando essa tese como referência, focalizamos o caso brasileiro, cuja recente reforma do Estado se organizou em torno de duas orientações políticas: a vertente gerencial, que inspirada no movimento internacional pela reforma do Estado, implementa a administração pública gerencial; e a vertente societal, que busca formas de organização e administração do Estado que incluem a participação da sociedade, procurando construir uma gestão pública social.

Analisando os antecedentes e as características dessas vertentes, formulamos duas hipóteses:

- a vertente gerencial não foi bem-sucedida na abordagem da dimensão sociopolítica, pois ao focalizar a nova administração pública como modelo de gestão, deixou a desejar no que se refere à democratização do Estado brasileiro. Questões que envolvem as relações entre o Estado e a sociedade não foram suficientemente tratadas, permanecendo as características centralizadoras e autoritárias que marcaram a história político-administrativa do país;
- a vertente societal busca construir e implementar um projeto político capaz de subverter o padrão autoritário das relações entre o Estado e a sociedade no Brasil. Guardados alguns limites, a tentativa de inserir a dimensão sociopolítica em suas experiências de gestão está abrindo possibilidades para a renovação do modelo de gestão pública à medida que traz novas propostas para se repensar as instituições políticas e a dinâmica administrativa.

Para discutir a tese e as hipóteses propostas na parte I deste livro, realizamos um balanço e uma avaliação crítica da nova administração pública e, na parte II, estudamos o caso brasileiro, apontando a busca de um novo modelo para a gestão pública capaz de dar conta das demandas sociais e participativas. Partindo dessas análises, sugerimos caminhos para se repensar a dimensão sociopolítica da gestão e propomos uma agenda de pesquisa e questões a serem aprofundadas pelos estudiosos das políticas públicas no Brasil.

# Parte I

# A nova administração pública: construção, consolidação e crítica

# 1

# A edificação da nova administração pública

Neste capítulo, abordamos as bases teóricas e as origens dos modelos de reforma e gestão do Estado que sustentam a nova administração pública. Primeiro, enfatizamos os elementos teóricos que contribuíram para sua edificação: o pensamento neoliberal e a teoria da escolha pública. Em segundo lugar, avaliamos sua dinâmica, examinando a atuação dos *think tanks* e os movimentos neoconservadores. Em terceiro lugar, apresentamos o contexto que favoreceu a disseminação dessa nova abordagem de administração pública: a crise do keynesianismo e a expansão do movimento gerencialista. Finalizando, abordamos as características da nova administração pública britânica, que é a raiz desse modelo de gestão pública e discutimos sua difusão na Austrália e na Nova Zelândia.

Ao longo do presente capítulo, constatamos que os movimentos neoconservadores buscaram aumentar a eficiência do Estado se baseando nas propostas neoliberais e nas recomendações da teoria da escolha pública. No contexto da crise do Estado, essas visões se somaram ao movimento gerencialista, resultando em uma abordagem de reforma e gestão do Estado que ficou conhecida como nova administração pública e que se caracteriza por ter transformado as ideias, os valores e as práticas cultivados no domínio da administração de empresas em um referencial para o setor público.

## Bases teóricas: o pensamento neoliberal e a teoria da escolha pública

Discutiremos a seguir as correntes de pensamento que orientaram a edificação da nova administração pública e que também constituem a base dos movimentos neoconservadores: o pensamento neoliberal e a teoria da escolha pública.

## O pensamento neoliberal

A literatura sobre o movimento neoconservador evidencia que ele está diretamente relacionado com alguns dilemas do pensamento político liberal, entre eles os motivos que levaram os homens a atribuírem a um corpo neutro de legisladores e administradores a incumbência de preservar a comunidade dos perigos e de proteger os seus direitos. A questão da fundação do Estado foi considerada central por Thomas Hobbes, John Locke e outros pensadores clássicos. Alguns deles também se preocuparam em discutir a essência do comportamento humano e advogaram uma concepção utilitarista: o homem como um agente autônomo, calculista e racional, que realiza trocas maximizando os seus interesses egoístas.

Os princípios justificadores da fundação do Estado e o utilitarismo permearam o pensamento liberal durante todo o século XVIII e marcam o início da discussão sobre a amplitude ideal do papel do Estado na sociedade e na economia. No livro *A riqueza das nações* (1776), o economista britânico Adam Smith prossegue com a doutrina da atuação limitada do Estado e consolida as bases do pensamento liberal clássico. De acordo com esse pensamento, as funções do Estado seriam basicamente três: manter a segurança interna e externa, garantir o cumprimento dos contratos e prestar serviços essenciais de utilidade pública.

No que se refere à administração da economia, o pensamento liberal defende o *laissez-faire*, ou não intervenção do Estado, e aposta na existência de uma "mão invisível" do mercado, que se encarrega de realizar uma alocação ótima de recursos necessários ao desenvolvimento econômico e social. Na visão dos liberais, o mercado tem virtudes organizadoras e harmonizadoras, estimulando o justo reconhecimento da iniciativa criadora e promove a eficiência, a justiça e a riqueza. Essas ideias alimentaram a expansão do capitalismo no ocidente e influenciaram os economistas e pensadores neoclássicos.[1]

No início do século XX, o capitalismo se agigantou e alcançou sua fase monopolista, caracterizada pela concentração industrial e pela constituição de monopólios empresariais em escala mundial, bem como pela expansão imperialista dos países hegemônicos. Tal expansão, no entanto, também foi permeada por crises econômicas cíclicas que prenunciavam o grande *crash* de 1929. Como a teoria neoclássica sequer previa essas crises, suas premissas não intervencionistas começaram a ser questionadas.

---

[1] Hunt, 1981.

Nesse contexto, John Maynard Keynes realizou uma detalhada reavaliação do pensamento neoclássico e elaborou alternativas às políticas econômicas liberais vigentes. Entre suas recomendações, figurava uma significativa ampliação da intervenção estatal e dos gastos governamentais para estimular o crescimento econômico, gerar empregos e promover o bem-estar social. A implementação dessas medidas, pelo *New Deal* promovido por Theodore Roosevelt e pelas experiências realizadas pelos governos europeus nos pós-guerra, reforçou a doutrina keynesiana. Com o sucesso delas, consolidou-se a crença de que as crises capitalistas são contornáveis quando o governo mantém o pleno emprego da economia, usando corretamente seu poder de tributar, empregar e despender recursos.

## Escola austríaca

Enquanto Keynes buscava soluções para a crise gerada pelo *laissez-faire*, o economista austríaco Ludwig von Mises continuava repudiando qualquer tipo de intervenção estatal no mercado. Durante as décadas de 1920 e 1930, o economista publicou vários trabalhos reafirmando as teses neoclássicas, como por exemplo *Uma crítica do intervencionismo* (1929), e fundou o Austrian Institute for Business Cycle Research, na Universidade de Viena.[2] Mises então contrata Friedrich August von Hayek como seu assistente, que deixa a Áustria em 1931 para trabalhar no Reino Unido como professor da London School of Economics.

Durante a década de 1930, Friedrich Hayek e Lionel Robbins dirigiram a escola, reforçando o desenvolvimento da corrente econômica liberal. Entre 1930 e 1945, Hayek e Mises polarizaram a oposição ao coletivismo — também conhecido como planificação da economia — que era praticado por todos os países que se alinhavam com as visões keynesianas, identificando na intervenção estatal uma forma de desenvolvimento econômico.[3] Vale ressaltar que Hayek costuma enfatizar o coletivismo como núcleo da organização econômica nazista e stalinista, atribuindo à planificação econômica um risco de autoritarismo político e propondo o livre-mercado como alternativa.

Assim, no final da Segunda Guerra Mundial, Mises e Hayek publicaram obras nas quais defendiam o livre-mercado e criticavam a primazia do Estado na direção

---

[2] Cockett, 1995.
[3] Ibid.

da economia.[4] Mises escreveu dois livros: *Governo onipotente* (1944) e *Burocracia* (1946). Já Hayek publicou *O caminho da servidão* (1990). Karl Popper, outro intelectual austríaco que lhes foi contemporâneo, também fez suas contribuições ao movimento publicando, em 1943, *Sociedade aberta e seus inimigos* (Popper, 1974) e *Miséria do historicismo*, em 1944/45 (Popper, 1980).

Com um estilo polêmico, Hayek foi o que mais se destacou e também conseguiu alcançar um maior número de leitores, pois uma versão condensada do trabalho foi publicada na revista *Reader's Digest* em 1945. Hayek dirige uma crítica ao coletivismo praticado nos regimes totalitários e ao trabalhismo britânico e sugere a economia de livre-mercado como um caminho para reconstituir os regimes democráticos e restaurar a liberdade. Para tanto, argumenta que a instabilidade do capitalismo se deve ao "excesso de governo" e afirma que o Estado deveria se restringir à segurança e à defesa dos interesses individuais.

Em relação à questão da liberdade, vale dizer que Hayek rejeita a visão que implica no direito humano de participar em qualquer decisão coletiva. Isto porque para os pensadores neoclássicos[5] liberdade não é sinônimo de autorrealização, não se confunde com o poder de atuar e não é o mesmo que autonomia, ou seja, não tem um sentido emancipatório. Baseados nestas mesmas premissas, os pensadores neoclássicos também defendem que cada indivíduo ou família deveria ser livre para atuar em função de seus interesses como se fosse uma "pequena indústria" ou "empreendimento".

## Escola de Chicago

Esta visão racionalista da teoria econômica e do homem orienta o "neoliberalismo" que se desenvolveu a partir dos anos 1930 na Europa e nos Estados Unidos. Entre os europeus, se destacavam os representantes da escola austríaca como Mises e Hayek. Nos Estados Unidos, Milton Friedman e seus seguidores inauguraram a corrente de pensamento que ficou conhecida como escola de Chicago e que se diferencia por criar uma abordagem empírica para o neoliberalismo: o monetarismo.

O monetarismo é um conjunto de políticas econômicas que se opõe ao keynesianismo e que foi aplicado pelos governos alinhados com o livre-mercado a partir da década de 1980. Para os monetaristas, a política fiscal, baseada na tributação e nos gastos governamentais recomendados pelos keynesianos, estimula a demanda por

---
[4] Cockett, 1995.
[5] Gray, 1988.

produtos e, consequentemente, segundo a lei da oferta e procura, os preços se elevam gerando inflação. Na visão dos monetaristas, os governos deveriam abandonar as medidas keynesianas e adotar o controle monetário para evitar a inflação e a recessão econômica. Para isto, os monetaristas recomendam lastrear toda a moeda corrente e, em seguida, controlar sua oferta. As autoridades monetárias emitiriam o dinheiro a taxas anuais constantes mínimas, apenas para corrigir as oscilações de preços. Com estas medidas, manteriam um estoque fixo de moeda e, supostamente, equilibrariam a economia, evitando a inflação.[6]

As bases do monetarismo foram lançadas por Milton Friedman em 1962. Ele trabalhou em órgãos de planejamento governamental dos Estados Unidos durante as décadas de 1930 e 1940. Em 1946, após ter concluído seu doutorado na Universidade de Columbia, tornou-se professor da Universidade de Chicago. Em seu trabalho, ele recupera as teses neoclássicas e reafirma que o Estado só deveria intervir para determinar e arbitrar as regras do jogo, protegendo a liberdade dos indivíduos, preservando a lei e a ordem, fazendo valer os contratos e mantendo os mercados competitivos.

Seguindo a mesma linha de raciocínio de Hayek, o economista considera que a interferência do Estado no sistema de mercado fere a liberdade de escolha do indivíduo. Assim, Friedman se posiciona contra as políticas de subsídios e incentivos fiscais e ressalta os inconvenientes dos programas assistenciais (seguro social, programas de habitação, saúde) que acha injustos e ineficazes na medida em que interferem nas opções individuais.

## Mont Pelerin Society

Entre o final da década de 1940 e o início da década de 1970, período no qual as ideias de Keynes foram hegemônicas, os neoliberais constituíam uma voz destoante e marginal. Apesar disso, o novo movimento liberal ganhava contornos cada vez mais definidos. Em 1947, nascia na Suíça a Mont Pelerin Society, que foi criada com o objetivo de centralizar os esforços dos intelectuais defensores do livre-mercado espalhados pelo mundo. Três centros de pensamento se destacaram na formulação e consolidação desta sociedade:[7] a London School of Economics; a escola austríaca, representada por Hayek, Mises e Popper; e a escola de Chicago, constituída em torno de Milton Friedman.

---

[6] Thompson, 1990.
[7] Cockett, 1995.

Apesar do movimento neoliberal partilhar de um mesmo conjunto de ideias sobre o Estado e a administração da economia, ele também apresentava algumas divergências internas, que ficaram evidentes nas reuniões da Mont Pelerin Society. A principal delas era a visão de Hayek sobre a necessidade de alguma intervenção do Estado para criar as condições de livre-mercado, uma vez que isto poderia evitar a constituição de monopólios e as crises cíclicas. Com esta ressalva, Hayek questiona o *laissez-faire* total proposto por alguns economistas clássicos e gera reações de seus colegas mais ortodoxos como Mises, mas conquista a simpatia de Friedman.

Para esclarecer um pouco mais estas divergências, é importante apontar que a nova direita, estabelecida no Reino Unido e nos Estados Unidos, gerou dois grupos politicamente distintos: os anarcoliberais e os neoliberais. O primeiro grupo recorre ao liberalismo puro do século XVII e defende um Estado mínimo para manter a lei, a ordem e a segurança dos cidadãos. Já os neoliberais, como Hayek e Friedman, não defendem exatamente um Estado mínimo, mas um Estado suficiente para cumprir quatro objetivos:[8]

❏ proteger os cidadãos dos potenciais inimigos;
❏ garantir que cada cidadão seja autossuficiente para o seu desenvolvimento;
❏ manter uma estrutura que possibilite uma competição e uma cooperação eficientes entre os homens, viabilizando o bom funcionamento do livre-mercado;
❏ criar um ambiente seguro para os cidadãos, garantindo não a igualdade material, mas as condições de competição, ou seja, o acesso aos recursos que todos necessitam para competir.

Esta visão se tornou predominante na Mont Pelerin Society com o intenso intercâmbio entre a escola austríaca e a de Chicago entre os anos 1950 e 1970.[9] Ela sinaliza que o neoliberalismo estabelece um novo papel para o Estado, que implica em reduzir sua intervenção no funcionamento do setor privado e da sociedade, mas ao mesmo tempo manter esta intervenção para garantir a existência do livre-mercado.

Em 1950, Hayek tornou-se professor da Universidade de Chicago e permaneceu junto aos monetaristas até os anos 1960. Friedman, por sua vez, passou uma pequena temporada no Reino Unido, atuando como professor visitante em Cambridge. Na década de 1970, momento em que as ideias neoliberais começaram a ganhar espaço na vida política e econômica de alguns países, ambos foram laureados com o prêmio Nobel na área de economia: Hayek em 1974 e Friedman em 1976.

---

[8] Green, 1987.
[9] Cockett, 1995.

## A teoria da escolha pública

Enquanto os neoliberais reforçavam suas visões sobre a eficiência do mercado em relação ao Estado, os teóricos da escolha pública elaboravam análises que sustentariam a crítica da burocracia do Estado. O número de adeptos dessa teoria cresceu muito durante a década de 1980, sendo, portanto, bastante difícil cobrir adequadamente toda a literatura e ideias produzidas na área.[10] Assim, focalizaremos aqui apenas os conceitos fundamentais para a compreensão e análise de nosso objeto de estudo, enfatizando as premissas da teoria da escolha pública em relação ao comportamento dos burocratas públicos e ao papel do Estado.

De modo geral, a teoria da escolha pública se caracteriza por aplicar princípios econômicos para explicar temas que preocupam os cientistas políticos:[11] a teoria do Estado, as regras eleitorais, o comportamento dos eleitores, os partidos políticos e a burocracia. Além de transferir princípios da economia para o campo da política, a teoria da escolha pública partilha do postulado comportamental básico da economia neoclássica: o utilitarismo humano nas interações econômicas, sociais e políticas.

## Escola de Virgínia

A consulta à literatura[12] revelou que as raízes da teoria da escolha pública se encontram nos trabalhos de Joseph Schumpeter, *Capitalismo, socialismo e democracia* (1942) e Kenneth Arrow, *Escolha social e valores individuais* (1951). Na visão de Schumpeter, a política e os políticos não estão necessariamente voltados para o bem comum da sociedade. Arrow, por sua vez, defende que há barreiras lógicas que impedem que as preferências individuais sejam ordenadas na direção do interesse coletivo. Ambos prepararam o terreno para Anthony Downs que no livro *Uma teoria econômica da democracia* (1957) concorda com o pressuposto utilitarista, argumentando que os políticos buscam realizar seus interesses privados. Em seguida, James Buchanan e Gordon Tullock publicam o livro *O cálculo do consentimento* (1962), onde apresentam a teoria da escolha pública da tomada de decisões políticas que garantiu a Buchanan o Nobel na área de economia em 1986 e estabeleceu as bases da chamada escola de Virgínia.

Atualmente, são considerados teóricos da escolha pública todos os economistas e cientistas políticos que se valem destas ideias e adotam os pressupostos do racionalismo

---

[10] Dunleavy, 1991.
[11] Mueller, 1989.
[12] Udehn, 1996.

econômico liberal em suas análises. O uso da teoria da escolha pública na ciência política vem gerando polêmicas que valem ser mencionadas.[13] Alguns autores reconhecem que as ideias da teoria da escolha pública ajudaram na formulação das teorias de Estado da nova direita, implementadas por Thatcher e Reagan. No entanto, mencionam a existência de uma pequena contracorrente da escolha pública alinhada com a teoria institucional da ciência política, o neoinstitucionalismo da escolha racional que não partilha necessariamente de todas as visões neoliberais. Os integrantes da contracorrente seriam Downs e Tiebout, além de Olson e Przerworski em seus trabalhos mais recentes.[14]

Para certos autores,[15] apesar dos problemas apresentados pelo uso de conceitos econômicos em contextos políticos, se as premissas oriundas do racionalismo neoclássico fossem adequadamente contestadas seria possível explorar o valor analítico da teoria da escolha pública e utilizá-la para orientar processos políticos e administrativos. Outros autores são mais radicais quanto ao uso da teoria da escolha pública no campo da ciência política: apontam os limites da aplicação desta teoria[16] ou argumentam que os neoliberais fizeram um uso ideológico de suas premissas e que isso comprometeu sua isenção e neutralidade como instrumento de análise.[17]

É com base nesses referenciais do racionalismo econômico que alguns teóricos argumentam que os burocratas públicos se movem de acordo com seus interesses egoístas, maximizando salários, *status* e poder.[18] Essa linha de argumentação é desenvolvida por Gordon Tullock em *As políticas da burocracia* (1965); por Anthony Downs em *Por dentro da burocracia* (1967); e por William Niskanen em *Burocracia e governo representativo* (1971).

Trabalhando os postulados da escolha pública, Niskanen conclui que o comportamento maximizador de lucros orienta os burocratas do setor privado e também do setor público. No entanto, para Niskanen, no setor público há uma diferença que gera ineficiências e aumento dos gastos públicos: nem sempre as atividades estatais visam lucro; logo, os burocratas tendem a desviar o comportamento racional para a maximização do orçamento que está sob sua administração.

Na visão de Niskanen, no setor público a escassez de competição e de orientação para o lucro impede que os burocratas usem eficientemente as informações que têm

---

[13] Dunleavy, 1991; Baert, 1997.
[14] Dunleavy, 1991; Marques, 1997.
[15] Ibid.
[16] Baert, 1997.
[17] Udehn, 1996.
[18] Ibid.

para resolver os problemas administrativos. Partindo desta constatação, alguns adeptos da teoria da escolha pública propõem a remoção da burocracia pública do provimento de todos os serviços que podem ser realizados pela iniciativa privada em condições de livre-mercado, pois, em tese, esta medida aumentaria a eficiência dos processos.

Esta proposta oferece uma justificativa racional para a privatização dos serviços públicos e junta-se com a argumentação neoliberal de que o provimento destes pelo mercado é mais eficiente e satisfatório. No entanto, a delegação destas responsabilidades para o setor privado tem como consequência outras ineficiências que podem afetar o interesse público e, portanto, gera a necessidade de uma regulação estatal dos serviços prestados.

## Agency theory

A questão da regulação é tratada pela *agency theory*, abordagem que também se vale dos pressupostos da racionalidade econômica para analisar o comportamento dos envolvidos nos processos decisórios. Algumas traduções utilizam a expressão "teoria da agência" ou "teoria do agente-principal" para designar a *agency theory*. Esta expressão, no entanto, é imprecisa do ponto de vista da terminologia. Agência é uma categoria tradicionalmente utilizada na literatura sociológica para designar a ação humana em oposição à estrutura. No caso da *agency theory*, os teóricos estão se referindo à teoria da iniciativa de Adam Smith, que se baseia nas abordagens utilitaristas e nas visões de livre-mercado. Adam Smith também é considerado o fundador da *agency theory,* pois foi o primeiro a discutir os conflitos de interesses entre os proprietários e os gerentes de empresas.

Segundo a *agency theory*,[19] nas empresas os interesses são mediados pelo contrato estabelecido entre os proprietários dos recursos econômicos ("principais") e os gestores responsáveis pelo uso e controle destes recursos ("agentes"). O pressuposto é que ambos agem racionalmente usando este contrato para maximizar seus ganhos, mas também tentando reduzir ou controlar os conflitos que podem gerar perdas. O problema é que os "agentes" têm mais informações que os "principais" e esta assimetria de conhecimento influencia adversamente a capacidade dos "principais" de monitorar o atendimento de seus interesses pelos "agentes".

Para os adeptos da *agency theory*, no caso do setor público a transferência de serviços para iniciativa privada geraria a vantagem de estimular a ação racional e

---

[19] Jensen e Meckling, 1976.

maximizadora, mas não resolve a questão da assimetria entre o "principal" e o "agente". Por este motivo, os teóricos defendem a ação governamental através de instrumentos de regulação, fiscalização e controle que garantam a transparência e a distribuição das informações.

## A dinâmica: a atuação dos think tanks e dos movimentos neoconservadores

Examinamos a seguir as infiltrações do pensamento neoliberal e da teoria da escolha pública na dinâmica dos movimentos neoconservadores no Reino Unido e nos Estados Unidos, abordando a atuação dos *think tanks*. O objetivo desta análise é preparar o terreno para a discussão das características da nova administração pública, pois as mesmas estão imbricadas com as medidas administrativas disseminadas durante a era Thatcher e Reagan. Enfatizamos principalmente as medidas que sustentam este modelo de gestão, como a descentralização do aparelho do Estado, pela privatização das estatais e pela terceirização dos serviços públicos, e o monitoramento estatal destas atividades por meio de instrumentos de regulação e controle.

### Reino Unido

No Reino Unido, a hegemonia do Partido Conservador foi fundamental para delinear as características da nova administração pública britânica. A influência de Margareth Thatcher foi tão significativa que se convencionou denominar thatcherismo o conjunto de ideias e práticas de governo adotadas pela ex-ministra e seus seguidores. O movimento thatcherista se desenvolveu em três fases:[20]

- a ascensão, que aconteceu no âmbito do Partido Conservador durante a década de 1970;
- a consolidação, que ocorreu com a vitória dos conservadores em 1979 e com a reestruturação do Estado britânico nos primeiros anos da década de 1980;
- a radicalização, que se desenvolveu em meados dos anos 1980, quando o movimento tentou alcançar a esfera ético-política através do empreendedorismo.

---

[20] Jessop, Kevin e Bromley, 1990.

A disseminação do neoliberalismo na esfera britânica foi favorecida pela presença dos representantes da escola austríaca e da escola de Chicago nas universidades e também pela atuação dos *think tanks* neoconservadores: centros de pensamento em geral dedicados ao estudo do Estado, das políticas governamentais e do desenvolvimento econômico. Os *think tanks* tinham um objetivo claro:[21] aproximar as elites intelectuais e governamentais britânicas das visões de livre-mercado. Realizando publicações e eventos dirigidos para este público, os *think tanks* ajudaram a popularizar o neoliberalismo, inserindo suas ideias na mídia e na agenda dos políticos convidados para lançamentos de livros, almoços, seminários e conferências realizados.

O mais antigo *think tank* britânico é o Institute of Economics Affairs, que surgiu em 1955 e contou com a participação indireta de Hayek na sua fundação. Em 1945, o ex-combatente da Força Área Britânica, Anthony Fischer, leu a versão condensada de *O caminho da servidão*, publicada na *Reader's Digest*. Crítico da inserção do governo britânico no consenso de centro-esquerda do pós-guerra, Fischer ficou bastante entusiasmado com as visões liberais de Hayek e o procurou dois anos mais tarde na London School of Economics para oferecer sua ajuda. O professor austríaco o dissuadiu a entrar diretamente na vida política e o aconselhou a se associar com outros simpatizantes do livre-mercado para fundar uma organização de pesquisa que pudesse suprir os intelectuais que atuam nas universidades e na mídia com estudos de teorias econômicas sobre mercados e sua aplicação prática.[22]

Anthony Fischer criou o Institute of Economics Affairs e em 1957 delegou sua direção a Ralph Harris e Arthur Seldon.[23] Ambos permaneceram atuantes até a década de 1980, quando o instituto alcançou o seu auge: administrava um orçamento de meio milhão de libras, proveniente de donativos de 250 empresas e contava com um *staff* de 15a pessoas trabalhando em tempo integral.[24] A literatura[25] também aponta que o instituto baseava suas pesquisas e publicações nas ideias da escola austríaca, no monetarismo da escola de Chicago e nas visões da escola de Virgínia, apontando as falhas do Estado e desenvolvendo soluções de mercado que desafiavam abertamente a ortodoxia keynesiana.

Em 1974, o parlamentar conservador Keith Joseph se fundamentou nas ideias deste *think tank* para formular uma metanarrativa que explicaria não somente a derrota do Partido Conservador, mas também o declínio da economia britânica: todos os governos do pós-guerra teriam se engajado em um "semissocialismo" — um governo

---

[21] Desai, 1994.
[22] Cockett, 1995.
[23] Ibid.
[24] Desai, 1994.
[25] Cockett, 1995; Desai, 1994. Ver, também: Morris,1991; Denham, 1996.

de intervenção e poder sindical — que teria forçado o setor privado a trabalhar com as "mãos atadas". Como alternativa, o parlamentar propunha seguir nas premissas neoliberais e de livre-mercado, proposta que na época ainda era marginal dentro do Partido Conservador.[26] No mesmo ano, Keith Joseph obtém a aprovação oficial do partido e se associa a Margareth Thatcher para fundar o Centre for Policy Studies. Consolidava-se assim a nova tendência ideológica do Partido Conservador — o "neoconservadorismo".[27]

O diretor do centro, Alfred Sherman, responsável pela redação dos discursos de Keith Joseph e depois de Margareth Thatcher, procurou preservar a independência dele em relação ao Partido Conservador, para que o mesmo pudesse "pensar o impensável", isto é, transcender a concepção original do partido e formular opções políticas para um futuro governo conservador avesso às ortodoxias econômicas. O Institute of Economics Affairs e Centre for Policy Studies atuaram conjuntamente na década de 1970 e, no início, o último tinha o suporte do primeiro: Keith Joseph consultava constantemente as opiniões de Arthur Seldon e Ralph Harris.[28]

Anos mais tarde, a atuação dos *think tanks* foi reforçada pelo Adam Smith Institute, que foi fundado nos Estados Unidos em 1977, mas transferiu suas operações para Londres em 1979. O principal representante do instituto, Madsen Pirie, é um seguidor fiel da escola de Virgínia que, na sua interpretação, realiza um tratamento adequado da burocracia pública ao interpretar questões de governo como um negócio. O instituto também teve uma grande influência no governo britânico, pois Pirie era amigo pessoal de Margareth Thatcher: inclusive foi Pirie quem apontou John Major como o potencial sucessor da ex-ministra.[29]

Ao fornecerem as bases ideológicas do neoconservadorismo, os *think tanks* desempenharam um papel fundamental nas duas primeiras fases do thatcherismo. Na fase de ascensão, orientaram o discurso e as propostas dos futuros conselheiros e membros do governo de Margareth Thatcher. Na consolidação, influenciaram na definição e implementação das políticas governamentais com propostas elaboradas junto às pessoas-chave do governo britânico.[30] Vale ressaltar que apesar de Keith Joseph estar à frente do movimento, Margareth Thatcher, que assumia uma postura mais reservada em suas críticas, tornou-se a líder dos conservadores em 1975: vários

---

[26] Morris, 1991; Desai, 1994.
[27] Desai, 1994; Denham, 1996.
[28] Morris, 1991; Cockett, 1995.
[29] Pearce, 1993.
[30] Morris, 1991.

membros do partido apontavam as deficiências de Joseph como político e preferiam o padrão de conduta de Thatcher.[31]

A fase de consolidação se deu logo após a posse de Thatcher, quando Alfred Sherman organizou no Centre for Policy Studies vários grupos de pesquisa nas áreas de saúde, educação e trabalho que interagiam diretamente com os gabinetes do governo e dos quais participavam os responsáveis pela formulação das políticas públicas implementadas durante a gestão da ex-ministra.[32] Diversas políticas de governo de Thatcher resultaram da elaboração dos *think tanks*,[33] entre elas as medidas mais marcantes do primeiro mandato de Thatcher (1979-1987):[34] as soluções monetaristas, a abolição dos controles de comércio, a formação de conselhos de preços, a terceirização de serviços públicos, a inibição da atuação sindical e a extinção dos conselhos metropolitanos.

O alinhamento entre a prática dos políticos da era Thatcher e as visões neoliberais cultivadas nos *think tanks* também se estende ao bem-estar coletivo, pois o governo Thatcher segue a recomendação neoliberal de diminuir o papel do Estado na área social, cortando os gastos, transferindo serviços para o setor privado, focalizando a atenção estatal apenas nos segmentos mais necessitados da população e abrindo espaço para que as organizações filantrópicas atuassem em setores que são pouco atraentes para o mercado.[35]

A influência dos *think tanks* nessas orientações é visível, mas o relacionamento entre os centros de pensamento e o governo Thatcher foi mais complexo do que parece. Embora seja tentador crer que os membros dos *think tanks* reforçavam mutuamente seus discursos, isso não é totalmente verdadeiro, pois as suas ideias e trabalhos estavam permeados por contradições e inconsistências.[36] Por outro lado, a implementação de tais medidas pelo governo não pode ser considerada uma absorção automática das recomendações neoliberais, pois foi realizada de acordo com a conveniência administrativa, política e eleitoral.

Analisando as políticas de governo thatcheristas, alguns pesquisadores corroboram essa posição, pois concluem que as ideias neoliberais se estabeleceram com mais facilidade quando estavam vinculadas às necessidades políticas. As pesquisas apontam que somente foram implementadas com sucesso as ideias que supostamente

---

[31] Gamble, 1988.
[32] Cockett, 1995.
[33] Desai, 1994.
[34] Gamble, 1988.
[35] Taylor-Gooby, 1991.
[36] Desai, 1994.

sanaram as falhas políticas dos governos anteriores e que encontraram um ambiente político suficientemente receptivo para se desenvolverem.[37]

## Estados Unidos

Paralelamente ao caso britânico, a revolução intelectual conservadora também chegava ao seu auge nos Estados Unidos com a vitória de Ronald Reagan sobre Jimmy Carter em 1980. Os conservadores, representados pelo Partido Republicano, conquistaram a oportunidade de realizar uma ruptura com o *New Deal* keynesiano e com o seu legado político. Semelhante ao Reino Unido, o neoconservadorismo foi alimentado por ideias produzidas nos *think tanks* locais:[38] o Hoover Institution, o American Enterprise Institute e a Heritage Foundation.

O Hoover Institution é o mais antigo deles — fundado em 1919 por Herbert Hoover em Washington. Tinha como principal atividade a realização de pesquisas sobre políticas públicas nacionais, externas e de defesa. Durante várias décadas, financiou trabalhos de orientação neoconservadora e teve entre seus bolsistas adeptos desta linha de pensamento, como Milton Friedman.

O American Entreprise Institute começou suas atividades em Washington em 1943: seu objetivo era popularizar ideias sobre empreendedorismo e negócios. O instituto teve Milton Friedman entre seus conselheiros e com o passar do tempo também se dirigiu mais para a pesquisa. Em 1960, seu nome foi alterado para American Enterprise Institute for Public Policy Research e, na década de 1970, tornou-se uma organização de âmbito nacional. Já a Heritage Foudation surgiu em 1973 na Califórnia. Atuando nas mesmas áreas de pesquisa que o Hoover Institution, sofreu fortes influências dos pilares do neoconservadorismo do pós-guerra: os austríacos Mises e Hayek e também dos conservadores estadunidenses Richard Weaver e Russel Kirk.

Todos estes *think tanks* receberam financiamento de fundos filantrópicos conservadores e disputaram influências junto ao Partido Republicano durante a década de 1980. A Heritage Foundation acabou se destacando por ter um senso mais claro de sua missão intelectual neoconservadora, mas todos atuaram no fomento das políticas públicas que orientaram o governo Reagan.[39]

Vale ressaltar que a ruptura em relação ao keynesianismo antecedeu o governo Reagan, pois o democrata Jimmy Carter havia implementado políticas monetaristas

---
[37] Walsh, 2000.
[38] Smith, 1991.
[39] Ibid.

anti-inflacionárias e iniciado um processo de desregulamentação da economia no final de seu mandato. Ao assumir a presidência, Reagan optou por continuar com essas políticas e radicalizar as reformas, promovendo a descentralização do aparelho de Estado através de privatizações e terceirizações.[40]

## O contexto: a crise do Estado e a ascensão do gerencialismo

Os movimentos neoconservadores também foram marcados pela reconfiguração dos países ocidentais frente à reestruturação produtiva e ao processo de globalização. Dois fenômenos auxiliaram na consolidação de tais movimentos: a crise do fordismo e da social-democracia e a renascença do empreendedorismo de inspiração vitoriana. Fazemos uma análise destes fenômenos para compor o cenário que presenciou o avanço neoconservador e para abordar a inserção do gerencialismo na edificação da nova administração pública. O objetivo é completar o quadro de referência inicial de nosso objeto de estudo e abrir o caminho para caracterizar o modelo de gestão construído.

### A crise do fordismo e da social-democracia

O fordismo se consolidou no pós-guerra quando a consciência dos efeitos desastrosos das flutuações de mercado fez surgir um novo modelo de desenvolvimento econômico. A escola da regulação[41] demonstra que, baseado em um "acordo" entre empresários e trabalhadores e no modo fordista de produção, o consenso keynesiano ou social-democrata realiza uma associação entre keynesianismo e fordismo, para conectar produção e consumo, garantindo a acumulação capitalista pelo emprego e utilização das máquinas.

Assim, o Estado desempenhava o papel de regulador dos contratos e também provia os direitos sociais aos que se encontravam fora do mercado de trabalho para que os mesmos também pudessem participar do "pacto" como consumidores. Tal modelo de intervenção, também conhecido como *welfare state* ou Estado de bem-estar, foi questionado pelos neoliberais durante todo o pós-guerra. Conforme já mencionamos, enquanto esse modelo continuou garantindo a prosperidade econômica nos países centrais, os adeptos do livre-mercado permaneceram como uma

---

[40] Thompson, 1990.
[41] Lipietz, 1991.

tímida voz discordante, mas esse quadro mudou radicalmente quando o mesmo entrou em crise.

Desde o final da década de 1960, eram procuradas novas formas de se pensar a organização do trabalho e da produção, o modo como se garante a acumulação do capital e o papel do Estado na mediação entre os interesses privados e coletivos. A crise do modelo também se agravou com a internacionalização dos problemas econômicos (inflação, estagnação, choques do petróleo), que acabaram por comprometer seu equilíbrio. Por outro lado, durante a década de 1970, o aprofundamento da recessão econômica e o avanço da economia asiática no mercado internacional fizeram com que o mundo ocidental, especialmente os Estados Unidos, temesse uma hegemonia japonesa, que trouxe à tona um discurso por mudanças no setor produtivo e econômico, que gira em torno das máximas "reestruturação produtiva", "globalização" e "crise do Estado".

O discurso derivado dessas máximas se baseia na impossibilidade de continuar mantendo taxas estáveis de lucro através do modelo keynesiano e fordista. Emergiu assim um novo padrão de acumulação — a "acumulação flexível"[42] — que combina taxas variadas de emprego (estáveis e flexíveis), produção e consumo, maximizando ganhos a partir de diferentes formas de contratação da mão de obra, de produção de bens e serviços e de investimentos de capital.

Quando Keith Joseph se tornou o porta-voz oficial do ideário neoliberal na Inglaterra e o Partido Republicano ganhava espaço nos Estados Unidos, a crise do "compromisso fordista" estava em andamento,[43] em especial no Reino Unido, que havia falhado na constituição de um regime de acumulação fordista viável.[44] Vale ressaltar que tanto no Reino Unido como nos Estados Unidos, o *welfare state* se estabeleceu de maneira bastante "residual", pois foram preservados vários preceitos do livre-mercado e a política de bem-estar não era tão extensiva como na França e na Suécia, por exemplo.[45]

Talvez a fragilidade do modelo nesses países e a existência de bases materiais para sua crítica tenham ajudado no desenvolvimento e na implementação do modelo neoliberal nos mesmos. Por outro lado, o pensamento neoliberal também acabaria provendo respostas para a crise que se instalava em toda parte, pois:[46]

---

[42] Harvey, 1992.
[43] Bagguley, 1991.
[44] Gamble, 1988.
[45] Esping-Andersen, 1991.
[46] Moraes, 2002.

❑ desenvolveu uma crítica às falhas do Estado simétrica às teorias das falhas do mercado;
❑ desenvolveu uma crítica racional da suposta ineficiência e autoritarismo do Estado do bem-estar;
❑ propôs soluções passíveis de execução para sanar as falhas do Estado, a escalada inflacionária e a tendência estatal de ferir as escolhas individuais.

Assim, do mesmo modo que Keynes ofereceu alternativas para a crise do liberalismo, os neoliberais apontaram saídas para a crise do keynesianismo e tornaram suas ideias aceitáveis. O caso britânico é bastante elucidativo dessas transformações:[47] a ascensão do Partido Conservador foi acompanhada pelo declínio do sindicalismo e o neoconservadorismo de Thatcher consolidou uma nova agenda para o mundo do trabalho baseada na desregulamentação da legislação trabalhista e na flexibilização dos direitos sociais.

Essas transformações se desenrolaram durante a década de 1980, entrelaçando-se à "nova cultura gerencial" que passou a dominar os Estados Unidos e a Europa. Emergiam então as esperadas soluções pós-fordistas para o mundo do trabalho, que desencadearam o enxugamento das empresas, o crescimento das pequenas unidades produtivas, a formatação de contratos flexíveis e *part-time* de trabalho. Paralelamente, também ocorreu a proliferação de *business schools* e a disseminação de "panaceias" gerenciais como a reengenharia, a administração da qualidade total e a administração participativa, entre outras.

Grande parte das "panaceias" mencionadas deriva de reedições do modelo japonês de administração ou de respostas a ele. Os países ocidentais começaram a imitá-lo devido à competitividade dos produtos japoneses, cujos preços e padrão de qualidade passaram a ditar as regras do mercado global. A ocidentalização desse modelo e a criação de novas práticas gerenciais ocorreram predominantemente nos Estados Unidos com uma participação intensa dos "gurus" da administração.

Neste capítulo, abordamos somente o caso do Reino Unido, onde a disseminação das práticas gerencialistas foi inicialmente favorecida pela contrapartida ético-política das reformas realizadas no campo econômico: a disseminação da cultura empreendedorista, que marca a terceira fase do thatcherismo. Nos próximos capítulos, examinamos mais detidamente as implicações do gerencialismo para a construção da nova administração pública.

---

[47] Antunes, 1999.

## O movimento empreendedorista

No Reino Unido, o encorajamento do empreendedorismo já estava presente nos documentos de fundação do Institute for Economics Affairs, do Centre for Policy Studies e do Adam Smith Institute,[48] mas foi somente em meados da década de 1980 que ele se tornou o cerne do movimento thatcherista. Superada a fase de adoção das políticas monetaristas e de livre-mercado, o neoconservadorismo passou a enfatizar o individualismo e a resgatar os seus antigos valores morais.[49]

Esse resgate faz parte do projeto de Thatcher de ir além da regeneração econômica do Reino Unido, reavivando valores nacionais e religiosos. Para a primeira-ministra, desde que as tendências perniciosas do livre-mercado fossem monitoradas pelos valores cristãos, a livre-empresa seria moralmente superior em relação a qualquer outra forma de associação humana, pois confere maior liberdade e responsabilidade social aos indivíduos.

Por outro lado, a valorização da cultura empreendedorista também sinaliza a nostalgia dos britânicos em relação à prosperidade da era vitoriana, pois emergiu com a autodeterminação do período da renascença, ganhou fundamento com a disseminação da ética protestante no período da reforma e encontrou sua maturidade justamente na era vitoriana, com a imagem do *self-made man*. No século XIX, os defensores do livre-mercado acreditavam que se o Estado desempenhasse um papel central no provimento do bem-estar público, o espírito empreendedor britânico seria enfraquecido e sua prosperidade econômica, afetada.[50]

A expansão do *welfare state* no pós-guerra levou vários membros do Partido Conservador a resgatarem esta crença.[51] O próprio Keith Joseph mencionou em um discurso de 1975 que a cultura empreendedorista mencionada pelos *think tanks* seria uma versão tardia dos ideais defendidos no século XIX. Assim, restabelecidas as condições de livre-mercado, o movimento thatcherista se direcionou para o resgate da cultura empreendedorista tentando fundar um capitalismo popular que pudesse substituir o *welfare state* keynesiano.[52]

No âmbito do movimento thatcherista, as bases para este resgate foram estabelecidas por Nigel Lawson, que foi um dos membros do Partido Conservador. Seguindo as premissas neoliberais, Lawson argumenta que o controle da inflação é uma

---

[48] Cockett, 1995.
[49] Morris, 1991.
[50] Perkin, 1992.
[51] Perkin, 1992; Marquand, 1992.
[52] Jessop, Kevin e Bromley, 1990.

meta macroeconômica a ser perseguida pelo governo e que o estímulo ao crescimento econômico e a criação de empregos seriam tarefas do campo microeconômico. Assim, as políticas monetaristas e as ferramentas de livre-mercado não seriam suficientes para a retomada da prosperidade do país: era preciso retomar a cultura empreendedorista da era vitoriana para mudar a cultura e psicologia de duas gerações de britânicos.[53]

Suas ideias influenciaram David Young, um executivo britânico que foi membro do Centre for Policy Studies e em 1984 passou a dirigir a Enterprise Policy Unit do governo Thatcher. O seu objetivo era encorajar e desenvolver o empreendedorismo na economia e na sociedade, através da identificação e análise de problemas que resultavam da falta de efetividade das políticas existentes.

Nos documentos do centro, a cultura empreendedorista é definida como o conjunto de condições que promovem altos níveis de realização nas atividades econômicas do país, no campo da política e do governo, nas áreas de artes e ciências e também na vida privada dos cidadãos. O empreendedorismo é associado a outras características comportamentais: motivação, ambição criativa, gosto pelo risco, luta pela excelência, esforço, independência, flexibilidade e responsabilidade pessoal.[54]

A partir de 1987, os discursos de Young passaram a apontar o empreendedorismo não apenas como um atributo desejável nos homens de negócios, mas como um aspecto central na personalidade humana. Além disso, na sua visão, os valores de responsabilidade pessoal e o desejo de melhoria das próprias circunstâncias promoveriam um empreendedorismo comunitário que poderia substituir as provisões sociais do *welfare state* por iniciativas não lucrativas de livre-mercado.

Vale frisar que o movimento empreendedorista britânico é simétrico ao movimento gerencialista estadunidense; logo, desconsideradas as diferenças locais e culturais, certamente esses movimentos sofreram influências mútuas. Neste livro, não aprofundamos esse aspecto mas, no próximo capítulo, abordamos detalhadamente as características do movimento gerencialista nos Estados Unidos.

## A emergência de um novo modelo de gestão pública

Na década de 1980, a partir das reformas empreendidas no Reino Unido e nos Estados Unidos, estabeleceram-se as bases da nova administração pública. Nos próximos dois capítulos abordamos como este modelo de gestão adquiriu outras nuanças,

---

[53] Morris, 1991.
[54] Ibid.

discutindo os elementos que contribuíram para a sua consolidação, como o movimento estadunidense "reinventando governo" e a política de terceira via. Mas, antes de iniciar a discussão, acreditamos ser útil para nossa análise retomar de forma sistemática os seguintes pontos: as características do modelo britânico, que é a base deste modelo de gestão e sua difusão na esfera de influência britânica, destacando os casos da Austrália e da Nova Zelândia.

## As características do modelo britânico

No Reino Unido, a preocupação com a reforma do Estado e a reorganização do serviço público remonta à década de 1960. Naquela época, o Relatório Fulton[55] já apontava a postura dos burocratas públicos como o problema fundamental a ser solucionado. No contexto britânico há uma tendência histórica de centralização do poder no Gabinete do Ministério e também de se considerar os servidores mais como conselheiros políticos do que administradores.[56]

Thatcher se comprometeu a mudar este modo de funcionamento do serviço público, aumentando a eficiência administrativa do Estado. Suas primeiras medidas foram reduzir o tamanho da "máquina" e o seu custo: a administração central passou de 700 mil para aproximadamente 600 mil funcionários. Em seguida, aprimorou o gerenciamento por meio das ações da Efficient Unity, que tinha como objetivo acompanhar as melhorias na administração do serviço público e executar avaliações de desempenho dos servidores.[57]

O processo teve início com a *financial management iniciative*[58] que enfatizava a importância da transparência das informações, da clareza em relação à responsabilidade e autoridade de cada um e da delegação de decisões para o nível mais efetivo na hierarquia. Para colocar isso em prática, foram introduzidos os sistemas de informação gerencial computadorizados nos departamentos do Estado. No entanto, tais medidas foram consideradas insuficientes para a transformação pretendida no caráter do serviço público. Criou-se assim um novo programa, o Next Steps,[59] que se tornou o núcleo da reforma do Estado e orientou tanto o governo de Margareth Thatcher, quanto o de John Major.[60]

---

[55] Fulton Report, 1968.
[56] Ferlie, 1998.
[57] Jenkins, 1998.
[58] Financial Management Iniciative, 1981 e 1983.
[59] Next Steps, 1988 e 1994.
[60] Jenkins, 1998.

O Next Steps recomendava a descentralização das atividades do Estado por meio da criação de agências executivas e da terceirização de serviços públicos. O seu principal objetivo era separar as atividades de planejamento e execução do governo, definindo claramente quais seriam as unidades operacionais e os centros formuladores de políticas públicas. Nessa descentralização, a formulação de políticas públicas ficou a cargo dos ministérios e a prestação de serviços públicos se dividiu entre as agências executivas e os terceiros contratados, dependendo da natureza do serviço. As agências executivas são unidades que implementam políticas públicas governamentais não terceirizáveis, sendo organizadas em torno de objetivos e conduzidas por pessoal com perfil gerencial. Essas agências fazem parte do governo, mas funcionam sob um contrato de gestão que estabelece suas metas e as responsabilidades dos atores envolvidos.[61]

Paralelamente, desenvolvia-se a privatização das estatais que atuavam em áreas antes consideradas estratégicas (empresas de aço, carvão, transporte aéreo) e no campo dos monopólios naturais (empresas de gás, eletricidade e telefonia). Eram criados os organismos de regulação dos serviços públicos privatizados e eram introduzidos mecanismos de mercado nas áreas de saúde, serviço social e educação, para encorajar o provimento desses serviços pelo setor privado ou não lucrativo. No campo das relações de trabalho, a flexibilização dos contratos e das jornadas praticada no setor privado também passou a ser considerada desejável no setor público.[62]

Em síntese, foram estabelecidas medidas organizativas e administrativas, que deram as seguintes características à nova administração pública:

- descentralização do aparelho de Estado, que separou as atividades de planejamento e execução do governo e transformou as políticas públicas em monopólio dos ministérios;
- privatização das estatais;
- terceirização dos serviços públicos;
- regulação estatal das atividades públicas conduzidas pelo setor privado;
- uso de ideias e ferramentas gerenciais advindas do setor privado.

## A difusão do modelo britânico

Quando analisamos a história das reformas dos anos 1980, notamos que o modelo de reestruturação do Estado e administração pública do Reino Unido se tornou

---

[61] Fairbrother, 1994.
[62] Ferlie, 1998.

uma referência para outros países, especialmente aqueles que estavam sob sua esfera de influência e não tinham um *welfare state* consolidado. Os casos da Austrália e da Nova Zelândia são emblemáticos,[63] pois suas reformas são contemporâneas ao thatcherismo e os governos implementaram medidas similares às recomendadas no Reino Unido.

É importante considerar que a adesão às medidas neoliberais britânicas não ocorreu de uma forma "mecânica": a maior contribuição do thatcherismo às reformas do final do século XX foi a criação de um discurso apropriado para as reestruturações empreendidas, além do fornecimento de uma gama de exemplos para as práticas que se pretendia implementar.[64]

## Austrália

A Austrália aderiu à nova administração pública em 1984 por meio do *Public Service Reform Act*, que auxiliou na reorganização do serviço público segundo os parâmetros do modelo gerencial de reestruturação do Estado.[65] Os motivos que levaram o país a aderir a essa orientação de reforma são similares aos que motivaram o Reino Unido a seguir esse caminho, como por exemplo:[66]

❑ a cristalização de um consenso sobre as deficiências do serviço público e a emergência de pressões dentro do aparelho de Estado por uma descentralização que conferisse maior autonomia aos burocratas públicos;
❑ as críticas ao tamanho do Estado e do aparato de bem-estar social, que aumentavam os gastos públicos e teriam gerado uma crise fiscal, tornando o Estado incapaz de gerenciar a economia;
❑ a progressiva inclinação do governo trabalhista para implementar as medidas de ajustamento econômico e reestruturação do Estado;
❑ o ambiente internacional de reforma que havia na década de 1980, iniciado pelo Reino Unido e seguido pela Nova Zelândia.

A partir da década de 1980, os sucessivos governos australianos, de inspiração trabalhista ou conservadora, se moveram nesta direção. Assim, o caso australiano

---

[63] McAllister e Vowles, 1994.
[64] Ray, 1991.
[65] Fairbrother, Svensen e Teicher, 1997.
[66] Hallingan, 1998.

difere do britânico no que se refere à orientação política, pois foi o Partido Trabalhista que aderiu às visões da oposição liberal e introduziu práticas de gerenciamento privado no setor público. Uma evidência disso é o lema de sua campanha eleitoral em 1982: "dirigir o Estado como uma empresa".[67]

Como no caso britânico, na Austrália também temos a participação de *think tanks* de inspiração neoliberal no processo. Destaca-se a atuação dos seguintes centros.[68] Centre for Independent Studies, Australian Institute of Public Policy e Centre of Policy Studies. Não foi possível avaliar o impacto que eles exerceram nas políticas governamentais, pois a literatura não faz um detalhamento do processo, mas suscita curiosidade quanto à forma como essas propostas alcançaram e influenciaram o Partido Trabalhista australiano.

A reforma australiana pode ser dividida em duas fases:[69]

❑ o início do processo — implementação das medidas de reforma pelos trabalhistas durante a década de 1980, caracterizadas pelo foco na eficiência e no gerencialismo, com a intensa importação de práticas e técnicas do setor privado;
❑ a radicalização do processo — ascensão da coalizão conservadora ao poder nos anos 1990, que acelerou as reformas de caráter neoliberal.

Na visão do citado autor, os trabalhistas se diferenciavam dos conservadores por insistirem em uma política de formação de servidores para as carreiras no setor público e também pela lentidão no processo de reforma, pois sua facção de esquerda era contrária às privatizações e terceirizações. Quando a coalizão conservadora, formada pela aliança entre o Partido Liberal e o Partido Nacional, ganhou a eleição em 1996, as reformas foram finalizadas e a formação de servidores abandonada, pois os administradores públicos passaram a ser contratados por tempo determinado.

Apesar das diferenças no que se refere ao ritmo das mudanças, os trabalhistas e os conservadores enfatizaram igualmente as medidas que caracterizam a reforma gerencial:[70]

❑ o ajustamento à economia internacionalizada através da desregulamentação dos mercados e a remoção das barreiras de proteção comercial;
❑ a progressiva privatização das estatais e a aplicação da orientação de mercado no provimento de serviços públicos;

---

[67] Mesquita e Ferreira, 1997.
[68] Green, 1987.
[69] Hallingan, 1998.
[70] Fairbrother, Svensen e Teicher, 1997.

❏ a aceitação da flexibilização dos contratos e da jornada de trabalho, tanto no setor público como no setor privado.

## Nova Zelândia

A Nova Zelândia também empreendeu reformas econômicas e do aparelho estatal similares às realizadas no Reino Unido e na Austrália, que foram igualmente justificadas pelo inchaço da máquina estatal, pelo aumento progressivo dos gastos públicos e pela alegação de melhoria do desempenho e eficiência do setor público. Para isso, tal como nos países anteriormente examinados, a reforma incentivava a descentralização das atividades estatais e tinha como pressuposto a maior eficiência do setor privado em relação ao setor público. Baseado nessas premissas, o governo passou a promover as privatizações e terceirizações, enfatizando os seguintes aspectos:[71]

❏ a melhoria na relação custo/eficiência na produção de bens e serviços públicos;
❏ a qualidade desses bens e serviços e sua adequação aos desejos dos consumidores;
❏ um maior controle dos recursos públicos e mais transparência na sua utilização;
❏ uma administração fiscal responsável, que restrinja os gastos públicos.

Na Nova Zelândia as primeiras medidas de reforma também foram implementadas pelo governo trabalhista, que entre 1984 e 1987 realizou as seguintes mudanças no aparelho do Estado:[72]

❏ a transferência de atividades de caráter comercial para a iniciativa privada;
❏ a descentralização das atividades do governo central, que conferiu maior autonomia aos burocratas públicos;
❏ a negociação de contratos de trabalho no setor público com base nos parâmetros da iniciativa privada.

O ritmo das reformas diminuiu durante o segundo governo do Partido Trabalhista, mas foi retomado de forma acelerada em 1990 com o governo do Partido Nacional. Ainda assim, os trabalhistas teriam contribuído com medidas para a *accountability* — premissa gerencial que significa "responsabilidade dos administradores por suas decisões" — que foi o cerne da reforma neozelandesa.[73] A *accountability* foi colocada em prática a partir do *State Sector Act* (1988) e do *Public Finance Act* (1989).

---

[71] Richardson, 1998.
[72] Carvalho, W. G., 1997.
[73] Ibid.

Essas medidas instruem os departamentos executores de políticas públicas a prepararem um planejamento detalhando os recursos a serem utilizados, os resultados a serem obtidos, os indicadores de avaliação de performance, além de critérios para mensurar a qualidade dos serviços e bens produzidos.

Partindo desses parâmetros, o monitoramento da *accountability* dos órgãos executores seria realizado pelos ministérios e o parlamento, que verificariam se a agência executiva ou o departamento responsável cumpriu seus objetivos. A partir de 1989, tal como no Reino Unido, o contrato de gestão passou a ser o instrumento para induzir o planejamento e a avaliação de desempenho nos órgãos executores de políticas públicas. Vale ressaltar que noção de *accountability* se tornou um dos elementos principais da nova administração pública.

Concluindo, os casos da Austrália e da Nova Zelândia exemplificam como o modelo britânico se transformou em um referencial para as reformas realizadas a partir da década de 1980, convertendo a experiência britânica em um modelo de reforma e gestão — a nova administração pública. No entanto, a forma como essa experiência foi reproduzida nesses países denota que a nova administração pública se consolidou sob a influência de outros elementos políticos e culturais, que analisaremos a seguir.

# 2
# A contribuição do movimento "reinventando o governo"

Neste capítulo, abordamos a contribuição do movimento "reinventando o governo" para a consolidação da nova administração pública. Para tanto, focalizamos os elementos que reforçam o movimento gerencialista: a crítica das organizações burocráticas, a disseminação da cultura do *management* e os "modismos gerenciais". Ao compararmos os princípios do movimento "reinventando o governo" e as recomendações neoconservadoras, identificamos o mesmo conjunto de ideias e práticas, mas recodificadas na linguagem gerencialista. Verificamos então que o gerencialismo contribuiu para esvaziar as práticas neoconservadoras de sua substância política original, pois atribuiu às medidas de reforma um verniz de eficiência e significados aparentemente progressistas como excelência, renovação, modernização e empreendedorismo.

Partindo desta constatação, argumentamos que o movimento "reinventando o governo" mantém a dicotomia entre a administração e a política, pois não enfrenta a complexidade da gestão pública e enfatiza predominantemente a eficiência governamental em detrimento dos aspectos sociopolíticos, que permanecem no nível do discurso. Também evidenciamos que o movimento ajuda a cristalizar algumas crenças básicas que circundam a nova administração pública: o setor privado é mais eficiente e, portanto, superior ao setor público na proposição de soluções administrativas; e as técnicas e práticas da administração de empresas podem e devem ser aplicadas ao setor público.

## O movimento gerencialista

O movimento "reinventando o governo" está diretamente relacionado com a emergência da indústria do *management*, que é composta pelos seguintes pilares que se inter-relacionam e se reforçam:[74] as escolas de administração, as empresas de consultoria, os "gurus" empresariais e a mídia de negócios. Durante os anos 1980 e 1990, os agentes da indústria do *management* ajudaram a consolidar o movimento gerencialista por meio de um discurso composto pelos seguintes elementos: a crítica das organizações burocráticas e a valorização da cultura do *management* e a conversão de técnicas e práticas administrativas em "modismos gerenciais".

Examinamos a seguir esses elementos, descrevendo suas características e enfatizando as relações entre eles. O objetivo desta discussão é preparar o terreno para a análise do movimento "reinventando o governo", que se baseia nos princípios gerencialistas.

## Crítica das organizações burocráticas e difusão da cultura do management

A literatura sobre teoria das organizações é bastante ampla e não caberia aqui uma revisão sistemática da mesma, já que este não é o objetivo deste livro. Assim, optamos por basear nosso conhecimento sobre o tema, resumindo os principais pontos relacionados ao nosso objeto de estudo e recomendando ao leitor interessado que consulte as obras pertinentes.[75]

Durante boa parte do século XX, os autores clássicos apontaram a organização burocrática como garantia de bom funcionamento dos negócios e serviços. As características da organização burocrática foram analisadas por Weber em *Economia e sociedade*[76] e sustentam o tipo ideal por ele descrito: uma organização baseada na dominação racional-legal e caracterizada pelo formalismo, impessoalidade e administração profissional. Em outras palavras, uma organização que obtém a obediência dos funcionários através de regras e da centralização da autoridade na cúpula gerencial.

No começo do século, o modelo burocrático de organização foi sustentado pelas recomendações e princípios de Frederick Taylor e Henry Fayol, que contribuíram para o processo de divisão e racionalização do trabalho nas fábricas e escritórios. Taylor e Fayol são, respectivamente, representantes da escola de administração científica e da escola clássica da administração, cujos ideários foram maximizados pelo modo de produção fordista. A mecanização e desumanização do trabalho promovidas

---

[74] Micklethwait e Wooldridge, 1998; Wood Jr., 2001.
[75] Motta e Vasconcelos, 2002.
[76] Weber, 1999.

pela linha de produção de Henry Ford sustentaram as críticas dos fundadores da escola das relações humanas. Em um estudo realizado com as operárias da General Electric, o conhecido experimento de Hawthorne, Elton Mayo e seus seguidores comprovaram a importância do fator humano e das questões psicológicas para a produtividade, incorporando mais esta variável na análise e condução dos processos de gestão.

As escolas da administração científica, clássica e de relações humanas estabeleceram as bases da administração enquanto disciplina e área do conhecimento, pois até então inexistiam sistematizações sobre o trabalho gerencial e as funções das empresas.[77] Ainda que tenham surgido novas escolas, como por exemplo aquelas que se baseiam nas teorias dos sistemas e da contingência, os princípios de Taylor, Fayol e Mayo continuaram orientando o pensamento administrativo.[78] Além disso, seus princípios moldaram as organizações do nosso tempo: as complexas corporações departamentalizadas de acordo com as funções básicas da administração (marketing, produção, recursos humanos, finanças) e organizadas em formato piramidal, com diversos níveis hierárquicos e outras características tipicamente burocráticas.

Na primeira metade do século, a General Motors não diferia deste padrão, mas experimentava o que era considerado uma inovação administrativa: uma descentralização de seus departamentos e atividades. Após a publicação do livro *O futuro do homem industrial* (1942), onde defendeu que as empresas também tinham uma dimensão social, Peter Drucker foi convidado para traçar um perfil da empresa. O resultado foi o lançamento do primeiro *best-seller* da trajetória deste que se tornaria o maior "guru" da administração. *O conceito de corporação* (1946) aprofundava argumento de que a empresa é um sistema social, mas o assunto que atraiu a maioria dos leitores foi a descentralização, que passou a ser copiada por grandes empresas estadunidenses como a Ford e a General Electric.[79]

Drucker então se dedicou a equilibrar os princípios da escola clássica e da escola de relações humanas. Em 1954, publicou *A prática da administração de empresas*, onde apresenta o receituário do planejamento estratégico e orientado para objetivos. No mesmo livro, Drucker defende que as ideias rígidas da administração por objetivos deveriam ser abrandadas pelo *empowerment*, que consiste em eliminar os níveis hierárquicos e delegar decisões para os trabalhadores diretamente envolvidos nas tarefas.

---

[77] Motta e Vasconcelos, 2002.
[78] Tragtenberg, 1974.
[79] Micklethwait e Wooldridge, 1998.

Essa combinação pragmática entre planejamento, descentralização e *empowerment* tornou-se um dos fundamentos da crítica às organizações burocráticas, da qual Peter Drucker foi um dos pioneiros. A partir dos anos 1970, a reestruturação produtiva, a globalização e o avanço japonês no mercado internacional acirraram essa crítica: Drucker e os novos "gurus" da administração começaram a argumentar que a burocracia estaria dando lugar a uma organização pós-burocrática, baseada na flexibilidade e na participação.

Imbricado com essa crítica, o movimento gerencialista ganhou terreno e passou a recomendar a substituição do sistema burocrático pelo gerencial. Esse movimento, que ajudou a moldar a cultura administrativa através de um enfoque empreendedorista, emergiu nos anos 1950,[80] mas adquiriu densidade com a ascensão do neoconservadorismo. De um modo geral, o gerencialismo se baseia nas seguintes crenças.[81]

❑ o progresso social ocorre pelos contínuos aumentos na produtividade econômica;
❑ a produtividade aumenta principalmente através da aplicação de tecnologias cada vez mais sofisticadas de organização e informação;
❑ a aplicação das tecnologias se realiza por meio de uma força de trabalho disciplinada segundo o ideal da produtividade;
❑ o *management* desempenha um papel crucial no planejamento e na implementação das melhorias necessárias à produtividade;
❑ os gerentes têm o direito de administrar.

Como já vimos, o gerencialismo despontou no Reino Unido durante a era Thatcher e tornou-se um dos fundamentos do capitalismo popular britânico.[82] Emergia assim a cultura empreendedorista,[83] que engendra um código de valores e condutas para garantir controle, eficiência e competitividade nas organizações. Mas foi nos Estados Unidos que ele se tornou uma espécie de espírito da época e consolidou características que foram emuladas em diversos países.

O gerencialismo nos Estados Unidos se manifestou pelo culto à excelência,[84] que segue o mesmo padrão do empreendedorismo britânico. Esse movimento contribuiu para alimentar o ufanismo da era Reagan, pois abasteceu o imaginário social com fantasias de oportunidade de progresso baseados na iniciativa individual. Nesse

---

[80] Bendix, 1956; Enteman, 1993.
[81] Pollit, 1990.
[82] Heelas, 1991; Morris, 1991.
[83] Conceito discutido por Harvey, 1992; e Du Gay, 1991.
[84] Du Gay, 1991; Du Gay, 2000.

contexto, destaca-se a atuação do "guru" Tom Peters, que publicou livros como *Em busca da excelência* (1982) em que recuperava o *american dream* diante do avanço japonês e fazia recomendações de cunho gerencialista para se alcançar a "excelência" nas empresas.

Nos Estados Unidos, o movimento gerencialista também contribuiu para criar um novo imaginário organizacional e social: a cultura do *management*,[85] que se caracteriza pela produção de artefatos como livros, revistas e outros objetos de consumo presentes no mundo dos negócios, bem como por símbolos que permeiam as organizações e a mente dos indivíduos que com elas se relacionam, como é o caso dos "gurus", dos "gerentes-heróis",[86] dos consultores e outros portadores de "fórmulas infalíveis" de gestão.

Em síntese, a cultura do *management* pode ser definida como um conjunto de pressupostos compartilhados pelas empresas como:

- a crença numa sociedade de mercado livre;
- a visão do indivíduo como autoempreendedor;
- o culto da excelência como forma de aperfeiçoamento individual e coletivo;
- o culto de símbolos e figuras emblemáticas, como palavras de efeito (inovação, sucesso, excelência), "gerentes heróis";
- a crença em tecnologias gerenciais que permitem racionalizar as atividades organizadas grupais.

Esses pressupostos também estão cada vez mais entrelaçados no tecido social, pois não é mais possível ignorar que as organizações empresariais exercem uma grande influência na sociedade: as posições de *status* estão sendo ocupadas por homens e mulheres de negócios e as empresas vêm desempenhando um papel dominante no processo de socialização dos indivíduos, tanto no que se refere à educação, como à aquisição de habilidades e experiências. Além disso, a mídia vem transmitindo os valores que estão sob a esfera de influência do mundo dos negócios, contribuindo para que os seus símbolos, linguagem e crenças invadam a cultura tanto do ponto de vista material quanto intelectual e espiritual.[87]

Assim, a cultura do *management* migrou para outros domínios da vida social como as artes, a ciência, a tecnologia e o governo. Por outro lado, uma vez que há uma estreita relação entre os valores e ações de cunho gerencialista e a reestruturação

---

[85] Conceito apresentado por Wood Jr. e Paula, 2002a e b.
[86] Consulte Wood Jr. e Paula, 2002c.
[87] Deeks, 1993.

produtiva pós-fordista,[88] o gerencialismo passou a representar as necessidades das empresas e governos contemporâneos.

## Os "modismos gerenciais"

As crenças gerenciais engendraram a constituição de ferramentas e práticas administrativas que supostamente conduzem à excelência empresarial. Alimentadas pelos agentes da indústria do *management*, estas soluções adquiriram o *status* de panaceias. Emergiram então os "modismos gerenciais",[89] que foram condicionados pelos seguintes elementos da cultura do *management*: a pressão pela eficiência, excelência e sucesso; e o discurso do caos, iniciado por Tom Peters e alimentado por outros "gurus" da administração, que aumenta as condições de incerteza e leva à busca de soluções para organizar o "mundo fora de controle".

Difundiu-se assim a ideia de que determinadas ferramentas e práticas administrativas são bem-sucedidas na resolução de problemas gerenciais. Durante as décadas de 1980 e 1990, algumas delas se tornaram populares no mundo empresarial:[90] é o caso da administração da qualidade total e da reengenharia. Vale ressaltar que não pretendemos aprofundar a discussão dessas ferramentas, mas apenas apresentar os conceitos básicos que ajudam na compreensão de nosso objeto de estudo.

## Administração da qualidade total

A administração da qualidade total (*total quality management* — TMQ) está intimamente relacionada com o modelo japonês de produção. No pós-guerra, os japoneses estavam cientes da impossibilidade de reproduzir com sucesso o modelo fordista no país, pois as sanções econômicas internacionais impostas pelos vencedores do conflito e a estrutura do mercado interno impediam a reprodução dos modelos ocidentais. A solução foi criar uma forma de produção e de organização do trabalho que se ajustasse às condições macroeconômicas japonesas e atendesse às necessidades do mercado doméstico. Forjou-se assim um modelo de gerenciamento singular, que durante os anos 1970 teria surpreendido os ocidentais pela sua capacidade de produzir com flexibilidade, baixo custo e qualidade: o toyotismo.[91]

---
[88] Bagguley, 1991.
[89] Consulte Abrahamson, 1991 e 1996.
[90] Caldas, 1999.
[91] Consulte: Wood Jr., 1995; Wood e Urdan, 1995.

O toyotismo se caracteriza pela oposição à massificação fordista: seus métodos possibilitam uma produção vinculada à demanda, individualizada, variada e heterogênea, em outras palavras, suficientemente flexível para atender às novas necessidades produtivas, tecnológicas e mercadológicas. Valendo-se de novas tecnologias organizativas situadas no âmbito da filosofia *just-in-time* de gerenciamento,[92] o toyotismo conseguiu se legitimar como um meio de tornar os processos mais eficientes e produtivos, além de aumentar a qualidade e reduzir o preço dos produtos.

Nos anos 1980, com a aceleração da competição no mercado internacional, os ocidentais passaram a imitar o modelo japonês de administração. O físico e estatístico estadunidense Edwards Deming teve um importante papel no processo.[93] Reconhecidos nos anos 1950 no Japão, os métodos de Deming[94] conquistaram os Estados Unidos apenas em 1980, quando o controle da qualidade passou a interessar os gerentes locais.

Vale ressaltar que o método Deming de administração é permeado por alguns elementos da cultura japonesa: a estabilidade e vitaliciedade dos funcionários em seus cargos e funções; a empresa interpretada como uma família e a inter-relação entre a vida no trabalho e a vida social. Esses elementos, que reforçam a constância dos quadros funcionais e a orientação para o longo prazo, foram filtrados na ocidentalização do modelo, pois a estabilidade conflita com as premissas do movimento gerencialista, que são essencialmente voltadas para o dinamismo e a mudança.

No contexto do gerencialismo, a administração da qualidade total se consolidou pela via instrumental: as técnicas e os métodos de controle foram mais enfatizados do que a filosofia em si, que é fundamentada na gestão participativa. Durante a década de 1980, a principal preocupação era a disseminação dos círculos de controle da qualidade (CCQ) e em seguida, dos programas de qualidade total.[95] As empresas ocidentais também foram acometidas pela "febre" da certificação ISO 9000, que passou a indicar um padrão de qualidade a ser seguido na produção ou prestação de serviços.[96]

## Reengenharia

É verdade que a administração da qualidade teve impacto sobre o setor privado, mas em relação à reestruturação das organizações, a reengenharia foi muito mais

---

[92] Para um detalhamento dessa filosofia, consulte King, 1989.
[93] Walton, 1992.
[94] Deming, 1982.
[95] Para um detalhamento sobre qualidade, consulte: Juran, 1983; Ishikawa, 1993; Walton, 1989.
[96] Wood e Urdan, 1995.

incisiva. Seus mentores, Michael Hammer e James Champy, publicaram um livro no qual expõem os princípios desta visão gerencial que se transformou em uma "panaceia" nos anos 1990: *Reengenharia: revolucionando a empresa* (1994).

A reengenharia requer uma reestruturação radical dos processos empresariais, para alcançar melhorias drásticas em indicadores de desempenho como custos, qualidade, atendimento e velocidade. Entre as instruções práticas dos autores para se "inventar" novas formas de se realizar um trabalho e melhorar drasticamente o desempenho da empresa estão: o *downsizing*, que implica na redução dos níveis hierárquicos da organização, ou em outras palavras, na extinção e reorganização de cargos; a terceirização das atividades que não criam valor adicionado aos produtos e serviços da empresa; e o uso intensivo de tecnologias de informação, ou seja, a automação e informatização de processos para reduzir custos e aumentar a velocidade de atuação da empresa.

De um modo geral, tanto a administração da qualidade quanto a reengenharia foram incentivadas pelo ideário gerencialista. Influenciadas por esse movimento, várias empresas adotaram soluções de forma apressada e pouco crítica: muitos gerentes aderiram ao discurso e às práticas sem justificativas técnicas, mas em virtude de seu uso pela concorrência. Por esse motivo, a qualidade e a reengenharia se converteram em "modismos gerenciais", abrindo espaço para uma série de inovações administrativa com esse mesmo caráter.[97]

## O movimento "reinventando o governo"

Nos anos 1990, o movimento gerencialista e a cultura do *management* foram transportados do setor privado para o setor público, engendrando o movimento "reinventando o governo". A tendência de absorção das ideias do setor privado pela gestão pública, que é uma constante na história estadunidense, ganhou um novo *status* com o trabalho dos consultores David Osborne e Ted Gaebler.

A fixação nas ideias de eficiência e empreendedorismo é antiga na história do setor público dos Estados Unidos. No século XIX, John Patterson já sugeria que a cidade é um grande negócio empresarial que tem o povo como acionista. Compartilhando dessa visão, os reformadores sociais das primeiras décadas do século XX elogiavam os métodos da administração científica, enfatizando que as reformas governamentais deveriam "abrir mão de sua benevolência em nome da eficiência".[98]

---

[97] Wood Jr., 1997.
[98] Smith, 1991.

As instituições de ensino e pesquisa de gestão pública fundadas no começo do século, como a Training School for Public Service e o National Institute of Public Administration, concordavam com o argumento de que uma sociedade democrática deveria agir racionalmente pelos interesses públicos, baseando-se em técnicas contábeis, econômicas e de administração. De modo análogo, o Institute for Government Research, que mais tarde se tornaria o Brookings Institute, se pautava na seguinte suposição: a administração é essencialmente técnica, constituindo um campo distinto da política.[99]

Dessa forma, verificamos que o intercâmbio entre técnicas e práticas do setor privado e público sempre permeou a administração pública estadunidense. No entanto, com o movimento gerencialista, este entrelaçamento ganhou outra dimensão, pois ocorreu uma intensa popularização dos cursos de administração gerencial, além do uso de ideias dos "gurus" do *management* e de serviços de consultorias empresariais no setor público:[100]

O livro de Osborne e Gaebler, *Reinventando o governo*,[101] comprova que o gerencialismo havia se deslocado do setor privado para o setor público. Não por acaso, os autores atribuem seus acertos ao pioneirismo das críticas de Peter Drucker às organizações burocráticas e às ideias de excelência de Peters e Waterman. Como as críticas à burocracia sempre estiverem presentes na administração pública estadunidense,[102] não houve dificuldade em substituir o modelo burocrático de administração pelo modelo gerencial. Partilhando das premissas gerencialistas, Osborne e Gaebler defendem a falência da organização burocrática e argumentam que essas características organizacionais não se adaptam mais ao atual contexto, que exige instituições flexíveis, adaptáveis, produtivas e voltadas para a qualidade.

Do mesmo modo que Peters e Waterman exaltam a excelência de algumas empresas bem-sucedidas,[103] Osborne e Gaebler focalizam as virtudes das experiências de "reinvenção do governo" nos Estados Unidos. Entusiastas do espírito empreendedor, Osborne e Gaebler vão apontar ainda no governo de Ronald Reagan as primeiras iniciativas nesse sentido.[104] Examinando experiências consideradas inovadoras, os autores identificam as seguintes características: a promoção da competição entre os que prestam serviços públicos; a transferência do controle das atividades públicas para a

---

[99] Smith, 1991.
[100] Ferlie, 1998.
[101] Osborne e Gaebler, 1994.
[102] Smith, 1991.
[103] Peters e Waterman, 1982.
[104] Osborne e Gaebler, 1994.

comunidade, a orientação para objetivos e a focalização nos resultados. Os autores também frisam que nessas experiências os atores se valem de ferramentas utilizadas no setor privado, como a administração da qualidade total e reestruturação organizacional.

Osborne e Gaebler tentam evitar a identificação automática entre gestão empresarial e pública e reconhecem que, embora existam muitas semelhanças entre as duas atividades, não se pode governar como se administra uma empresa. Apesar disso, suas recomendações não transcendem a mera readaptação das ideias desenvolvidas no setor privado. Os dez princípios que levariam a uma "reinvenção do governo" nos ajudam a elucidar a questão:[105]

- governo catalisador, navegando em vez de remar — a prestação de serviços públicos não é uma tarefa governamental, mas algo que se deve assegurar aos cidadãos. Logo, é muito importante a habilidade do Estado em formar parcerias com a iniciativa privada para realizar privatizações e também mobilizar grupos comunitários para a prestação de serviços públicos;
- o governo pertence à comunidade, dando responsabilidade ao cidadão ao invés de servi-lo — a transferência de responsabilidades da burocracia para as comunidades deve ser incentivada, pois estas são mais flexíveis e estão mais próximas dos problemas;
- governo competitivo, introduzindo a competição na prestação de serviços — a introdução da competição no setor público é vantajosa porque aumenta a eficiência, melhora a qualidade do atendimento, além de encorajar a inovação e o engajamento dos servidores públicos;
- governo orientado por missões, transformando órgãos burocratizados — tal como no setor privado, o governo deve se orientar por missões tal como as empresas privadas fazem ao utilizar os princípios do planejamento estratégico, pois isso ajuda a tornar as organizações mais eficientes do que aquelas que se orientam por normas e regras;
- governo de resultados, financiando resultados, não recursos — uma constante avaliação de resultados e desempenhos facilita a distinção entre o sucesso e o fracasso, além de possibilitar a recompensa dos bons resultados e a correção dos problemas;
- governo e seus clientes, atendendo às necessidades dos clientes e não da burocracia — os cidadãos estão cansados da burocracia e querem ser mais valorizados

---

[105] Osborne e Gaebler, 1994.

como clientes. Logo, é recomendável o uso da administração da qualidade e a criação de sistemas de prestação de serviços mais simples e transparentes;
- governo empreendedor, gerando receitas e não despesas — seguindo o espírito empreendedor, o governo deveria poupar mais, criar meios de gerar novas receitas, vincular a dotação orçamentária ao desempenho de cada departamento e criar remunerações variáveis para os administradores públicos;
- governo preventivo, a prevenção em lugar da cura — os governos devem investir em programas de prevenção e atuar de forma mais estratégica, planejando suas ações e a dotação orçamentária;
- governo descentralizado, da hierarquia à participação e trabalho de equipe — as organizações descentralizadas são mais rápidas em responder às necessidades dos clientes e também mais motivadoras para os funcionários, pois permitem a inserção da administração participativa e do *empowerment*;
- governo orientado para o mercado, induzindo mudanças através do mercado — os programas governamentais apresentam uma série de defeitos quando comparados com os similares realizados pelo mercado e poderiam ser mais bem-sucedidos se fossem oferecidos por ele.

Quando comparamos esses princípios com as recomendações do modelo britânico de gestão pública, notamos que o foco se mantém na reprodução de técnicas administrativas do setor privado e na questão da eficiência. Nos princípios, estão presentes as mesmas recomendações feitas pelo governo britânico neoconservador: privatização de serviços públicos, utilização de técnicas e práticas da administração do setor privado e delegação de responsabilidades públicas para a comunidade. Além disso, no que se refere à dimensão sociopolítica, apesar do discurso participativo, prevalece a falta de clareza quanto ao grau de inserção da sociedade nos processos decisórios. Nos exemplos citados no livro, por Osborne e Gaebler, persiste a ideia de participação comunitária na execução dos serviços públicos e praticamente inexistem referências sobre a inserção social na formulação de políticas públicas.

Osborne e Gaebler criticam a formulação dos programas de governo afirmando que estes são orientados para ganhar os votos dos eleitores e não para satisfazer as necessidades dos cidadãos, mas focalizam toda sua atenção no provimento dos serviços públicos. Com a argumentação de que o Estado é ineficiente para realizar essa tarefa, sugerem que a responsabilidade pela prestação dos serviços seja transferida para o setor privado ou para a comunidade.[106] No entanto, não discutem nem

---

[106] Osborne e Gaebler, 1994.

problemática da formulação das políticas públicas, nem a intervenção da sociedade nas decisões que afetam sua qualidade vida, ou seja, relegam a dimensão sociopolítica para o segundo plano tendo em vista que defendem que os serviços públicos devem ser terceirizados e não propõem meios de desmonopolizar a formulação das políticas públicas. Reforçam, assim, as premissas sustentadas pela nova administração pública e não questionam o fato de sua estrutura institucional permitir que os governantes continuem desenhando programas governamentais para atender a seus interesses políticos.

Podemos argumentar que o movimento "reinventando o governo" na realidade complementou a nova administração pública britânica, pois apenas expressa uma forma diferente de defender o mesmo conjunto de ideias e práticas. As recomendações e princípios de Osborne e Gaebler contribuíram para reelaborar o discurso neoconservador e consolidar o âmago da nova administração pública: a suposição de que as técnicas administrativas criadas no âmbito do setor privado são eficientes e, portanto, adequadas para orientar a gestão pública. Logo, o movimento "reinventando o governo" reforça a nova administração pública, mantendo a ênfase tecnicista e o divórcio entre os domínios da administração e da política.

Alguns autores tentam sugerir que a nova administração pública e o "reinventando o governo" são movimentos distintos, uma vez que surgiram em panoramas políticos diferentes.[107] No entanto, não levam em consideração a existência de uma continuidade entre as práticas neoconservadoristas e as recomendações da política de terceira via. Além disso, não captam que justamente o fato de assumirem um discurso de eficiência no setor público, atribuindo às práticas de administração e reforma um caráter neutro, tornou a nova administração pública assimilável pelos mais diversos governos, independentemente de sua orientação política e ideológica, ou seja, a transformou em uma "administração pública para todas as estações".[108]

---

[107] Consulte: Frederickson, 1996; Ferlie et al., 1999.
[108] Expressão cunhada por Hood, 1991.

# 3
# A influência da terceira via e da governança progressista

No capítulo 1, examinamos os casos da Austrália e da Nova Zelândia, que demonstraram que tanto os governos conservadores quanto os trabalhistas aderiram à nova administração pública. Considerando as raízes neoconservadoras desse modelo de gestão, isso poderia parecer um contrassenso. No entanto, esse fenômeno antecipa a tendência de hegemonia da nova administração pública no âmbito do movimento internacional pela reforma do Estado. Por outro lado, revela o caráter adaptativo desse modelo de gestão, além da ambiguidade da orientação política que passou a circundá-lo durante os anos 1990.

Neste capítulo, abordamos a anatomia das visões políticas que auxiliaram na consolidação da nova administração pública: a terceira via e a governança progressista. Na primeira parte, apresentamos as críticas dirigidas às reformas neoconservadoras e enfatizamos os mitos que circundam o livre-mercado. Com esta análise, tentamos sugerir que as falhas dos governos neoconservadores abriram espaço para novas tendências políticas e favoreceram a emergência da terceira via.

Na segunda parte, discutimos a política de terceira via a partir do pensamento de Anthony Giddens, que é um de seus principais mentores. Tentamos então problematizar o paradoxo que circunda a terceira via: no campo do discurso, esta orientação política faz uma oposição ao neoconservadorismo, mas no campo da prática mantém o modelo de gestão edificado sob a égide neoliberal. Finalizando o capítulo, apontamos as críticas dirigidas à terceira via e também o deslocamento dos adeptos da nova administração pública na direção de uma variante dessa orientação política: a *progressive governance* ou governança progressista.

Neste percurso analítico, revelamos que há uma simetria entre o neoliberalismo, a terceira via e a governança progressista, que é preservada através da manutenção das visões liberais e das recomendações da nova administração pública. Nosso objetivo é tentar demonstrar que esse modelo de gestão se direciona primordialmente para uma suposta eficiência técnica, pouco evoluindo no que se refere a uma forma de gerir o Estado que seja mais comprometida com a dimensão sociopolítica e democrática.

## Críticas às reformas neoconservadoras

A literatura apresenta um número significativo de artigos e livros que evidenciam os mitos que circundam o ideário do livre-mercado e as falhas das reestruturações de cunho neoliberal. De modo geral, os críticos tentam demonstrar que a meta das reformas neoliberais não é exatamente o crescimento econômico nacional, mas o aumento dos lucros privados, pela intensificação do trabalho e da transnacionalização industrial e financeira. Até recentemente, tal argumentação era rechaçada, mas a crise e a estagnação econômica do final dos anos 1990 causaram uma rachadura no edifício neoliberal: a ineficiência no campo do desenvolvimento econômico vem abalando sua legitimidade e reforçando as críticas.

Nos capítulos anteriores, analisamos o movimento neoliberal e as reformas orientadas para o mercado, realizadas no Reino Unido e nos Estados Unidos. A seguir, abordamos as críticas às reformas implementadas nesses países e discutimos os limites da "fantasia do livre-mercado".

### Reino Unido

Em relação ao Reino Unido, vários analistas do governo Thatcher constatam que apesar do discurso de eficiência e das reformas que visavam reduzir a máquina estatal, não houve uma diminuição significativa dos gastos públicos e do tamanho do Estado. Na realidade, o Estado britânico não "encolheu" da maneira anunciada e os impostos aumentaram significativamente durante a era Thatcher. Por outro lado, as reformas thatcheristas erodiram a inserção social da camada da população que apoiava o Partido Conservador.[109]

A aposta feita na redução do poder dos sindicatos, no tratamento mais individualista do mercado de trabalho e na flexibilização das leis trabalhistas resultou em um

---
[109] Taylor-Gooby, 1991.

empobrecimento da população, além de debilitar as estruturas familiares. Ocorreram também aumentos relevantes nos índices de criminalidade e de desigualdade econômica, que colocaram o Reino Unido em situação de desvantagem em relação ao bem-estar quando comparado a outros países da União Europeia.[110] Em síntese, o ajuste estrutural da economia contribuiu para a manutenção dos conservadores no poder, mas os fracassos no campo das políticas sociais minaram suas bases de apoio e possibilitaram a ascensão do Partido Trabalhista.

## Estados Unidos

Um conjunto similar de críticas é dirigido aos Estados Unidos. Uma análise da estrutura de gastos do governo Reagan mostrou que os anos 1980 se caracterizaram por uma política keynesiana disfarçada, pois o gasto federal aumentou cerca de 30% entre 1980 e 1985. Investigando a origem desses gastos, pesquisadores notaram que ocorreu uma transferência de fundos federais do setor social para o setor militar, que tiveram um aumento de 100% no mesmo período. Assim, com as reformas, Reagan promoveu uma espécie de política de reindustrialização — o "keynesianismo militarista".[111]

Nos Estados Unidos, o desmonte do Estado foi baseado na crença de que a estagnação econômica está relacionada com a transferência de recursos do setor privado para o público, do capital para o trabalho e dos setores de renda mais alta para os de renda mais baixa. No entanto, apesar da insistência dos neoliberais em relação à lógica deste raciocínio, não há provas empíricas de que o fluxo inverso de recursos promoveu desenvolvimento nos países que realizaram as reformas.[112]

Além disso, as reformas foram baseadas em uma expectativa de prosperidade que é falsa, pois na realidade quando há uma redução dos gastos governamentais em áreas estratégicas, ocorre um aumento da incerteza para os negócios que costuma gerar retração dos investimentos privados, que afeta negativamente o desenvolvimento econômico. Por outro lado, é ingênuo basear a eficiência governamental apenas em uma política de redução de custos, pois o sucesso das decisões políticas e administrativas se relaciona com uma gama mais complexa de fatores.[113]

As privatizações e terceirizações são um exemplo claro desse fenômeno, pois os casos reais vêm demonstrando que nem sempre a diminuição dos gastos do governo

---

[110] Gray, 1999.
[111] Navarro, 1994.
[112] Ibid.
[113] Block, 1996.

gerada pela transferência da prestação de serviços públicos pelo setor privado resulta na redução das tarifas e na melhoria da qualidade dos serviços para os cidadãos. Um estudo realizado nos Estados Unidos[114] demonstra que os dogmas que circundam as privatizações e terceirizações são tão consolidados que os casos de fracasso não vêm abalando a crença dos administradores públicos nas suas virtudes. Esse dogmatismo acaba impedindo que o processo decisório governamental se paute pelos critérios de eficiência administrativa e atendimento do interesse público.

O estudo também aponta que o aparato governamental de regulação idealizado pela reforma também não se comprovou efetivamente capaz de fiscalizar e controlar os serviços privatizados e terceirizados. Isso não surpreende quando consideramos que é virtualmente impossível garantir um comportamento racional dos atores em relação ao interesse público.[115] Vale ressaltar que a privatização desloca os cidadãos da posição de contribuintes e coproprietários da empresa prestadora, ou seja, de "principais", para a posição de clientes e usuários dos serviços. Com essa mudança de papéis, os interesses dos proprietários das empresas tendem a suplantar os dos cidadãos, dificultando o estabelecimento de uma regulação governamental dirigida para o interesse público.

Um exemplo desse problema foi vivenciado recentemente pelos brasileiros em relação às empresas distribuidoras de energia elétrica, antes estatais e agora privadas. Depois de um colapso na geração de energia e da perspectiva de novos "apagões", os cidadãos foram instruídos pelo governo e pela agência de regulação, a Agência Nacional de Energia Elétrica (Aneel), sob ameaças de penalizações, como multas e cortes no fornecimento, a economizar energia. Passada a crise, os cidadãos foram obrigados a arcar com aumentos nas tarifas para repor as perdas das companhias distribuidoras, pois a redução no montante de energia distribuída afetou as taxas de lucro.

## A fantasia do livre-mercado

Entre os atuais críticos do livre-mercado, John Gray se destaca porque já foi um dos mais contundentes defensores do pensamento liberal clássico. Em *Falso amanhecer*, Gray tenta demonstrar que a implantação do livre-mercado nas condições atuais é uma fantasia. Na sua visão, o Reino Unido e os Estados Unidos implementaram uma versão de livre-mercado no século XIX, que não é verdadeira para o atual contexto,

---

[114] Sclar, 1994.
[115] Minkler, 1993.

pois a economia hoje é mais complexa e interdependente, dificultando essa liberalização do mercado. Vale notar que Berle e Means[116] abordaram anteriormente essa impossibilidade de restabelecer as condições de *laissez-faire* no século XX. Na época de Adam Smith a propriedade e a vida econômica podiam ser consideradas inteiramente individualistas, pois as empresas eram pequenos negócios administrados pelos proprietários. Hoje, as empresas são sociedades anônimas e na medida em que isso dispersou a propriedade e interligou os diversos atores econômicos, não há mais possibilidade de uma atuação autônoma deles.

Gray[117] demonstra que os países que resgataram este ideário para redirecionar suas economias tiveram consequências negativas no campo do bem-estar social. Nos Estados Unidos, por exemplo, isto produziu um *boom* econômico semelhante ao que ocorreu na era vitoriana britânica. No entanto, o crescimento da produtividade e da riqueza nacional foi acompanhado por uma má distribuição de renda. No final da década de 1990, as pesquisas demonstravam que 80% das pessoas empregadas tiveram seus rendimentos estagnados ou diminuídos, que gerou um crescimento de desigualdade econômica que não tem precedentes históricos nem mesmo no Reino Unido e na Nova Zelândia que adotaram as políticas de livre-mercado de forma mais sistemática nos anos 1980.

Além disso, a flexibilização do mercado de trabalho afetou as estruturas familiares, as taxas de emprego e os índices de criminalidade. Uma análise mais cuidadosa dos índices de desemprego nos Estados Unidos desmistifica a ideia de empregabilidade geralmente associada ao país. No final da década de 1990, cerca de 10% da força de trabalho (13,5 milhões de pessoas) estava subempregada e havia 12,2 milhões de trabalhadores contratados de forma temporária. Se fossem incluídas todas as modalidades de não emprego, a diferença entre Europa e Estados Unidos seria pequena: entre 1988 e 1994, os índices de homens entre 25 e 55 anos sem trabalho giravam em torno de 11 a 15%, sendo 14% nos Estados Unidos e 15% na Alemanha. Por outro lado, os índices de emprego nos Estados Unidos não levam em consideração suas taxas de encarceramento: em 1994, 2 milhão e meio de pessoas estavam encarceradas e 3 milhões e meio sob *sursis* ou liberdade condicional.[118]

Segundo Gray,[119] apesar disso, o ideário do livre-mercado continua seduzindo vários países, que importam o modelo de gestão e organização do mercado de trabalho pós-fordista, bem como as recomendações neoliberais de reforma e gestão do

---

[116] Berle e Means, 1987.
[117] Gray, 1999.
[118] Ibid.
[119] Ibid.

Estado, sem levar em consideração as especificidades locais e sem fazer uma avaliação mais realista do impacto que essas transformações tiveram nos Estados Unidos. Na realidade, a tentativa de reproduzir o sistema de livre-mercado acaba gerando formas autóctones de capitalismo que não contribuem para a consolidação da democracia. Além disso, a história vem comprovando os fracassos da adaptação dos modelos econômicos e administrativos originários do Reino Unido, Europa e América do Norte em outros países.

Gray conclui seu livro discordando que a estrutura de livre-mercado seja uma condição necessária para o crescimento econômico e afirmando que os casos britânico e estadunidense são cercados por um mito da não intervenção, uma vez que na realidade esses países sempre tiveram uma economia permeada de protecionismos. Na sua opinião, o mercado é sempre uma criação do Estado e o *laissez-faire* gera uma insegurança social que é ameaçadora para a democracia. Em síntese, as críticas até aqui examinadas se dirigem contra o pressuposto de que o livre-mercado é uma via de desenvolvimento econômico e social. E também evidenciam que as reformas orientadas para o mercado não levaram à prosperidade esperada e geraram uma ampla gama de desigualdades.

## A terceira via

O fracasso dos neoconservadores em responder às demandas do eleitorado por mais segurança e bem-estar social abriu espaço para novas abordagens políticas, favorecendo a ascensão e consolidação da terceira via. Como constatamos no capítulo 1, na Austrália e na Nova Zelândia as reformas começaram a ser implementadas em governos trabalhistas e foram radicalizadas nos governos conservadores. No caso dos Estados Unidos e do Reino Unido, no entanto, ocorreu o contrário: à radicalização neoliberal se seguiu um período de abrandamento político.

Ambos os fenômenos prenunciam mudanças na orientação política hegemônica. Nos Estados Unidos, logo após a derrota eleitoral de 1980, o Partido Democrata fundou o Center for National Policy para fazer sua própria leitura e interpretação do pensamento liberal. Em 1987, quando Reagan foi reeleito, o presidente do centro, Kirk O'Donnell, afirmou que a análise liberal dos neoconservadores logo falharia em atender às demandas eleitorais. Emergia nesse *think tank* o movimento dos novos democratas estadunidenses, que seriam seguidos pelos novos trabalhistas ingleses.[120]

---

[120] Smith, 1991.

Em 1989, com a derrota nas eleições para o Parlamento europeu, o Partido Conservador britânico enfrenta sua primeira crise.[121] Em 1990, John Major torna-se o líder do partido e, em 1992, sucede a então primeira-ministra, iniciando a última fase do movimento thatcherista. Paralelamente, o Partido Trabalhista esboçava uma reação e recuperava seu prestígio no cenário político. Em 1987, ao ser derrotado pela terceira vez, o Partido Trabalhista começou a descartar suas ideias keynesianas e a adotar as premissas da economia de livre-mercado. Em 1988, os trabalhistas emularam os *think tanks* neoconservadores e criaram o Institute for Public Policy Research. Observa-se então a mesma fermentação de ideias que ocorreu em meados dos anos 1970:[122] o Institute for Public Policy Research tornou-se, para o Partido Trabalhista, o que o Centre for Policy Studies foi para o Partido Conservador. Em 1994, o Partido Trabalhista venceu as eleições e Tony Blair passou a ocupar a posição de primeiro-ministro.

Em seu governo, Blair segue a mesma linha de atuação adotada por Major, reproduzindo ideias e ações que realizam uma combinação de economia de livre-mercado e regulação estatal. Assim, embora no nível discursivo Blair e o Partido Trabalhista façam críticas ao governo que os antecedeu no poder, na realidade sua ascensão ao poder representa mais uma continuidade do que uma ruptura com as visões neoliberais. Vale ressaltar que o abrandamento do livre-mercado pela regulação não contraria o pensamento neoliberal, pois procura cumprir seu objetivo de melhorar as condições contratuais e reguladoras para o funcionamento dos mercados.

## A visão de Anthony Giddens

No período que antecedeu sua vitória, o Partido Trabalhista fomentou um novo corpo de ideias que auxiliaria na sustentação das práticas neoliberais. Do mesmo modo que os conservadores adotaram as ideias liberais para fundar uma "nova direita", os trabalhistas as acolheram para fundar uma "nova esquerda", inaugurando o novo trabalhismo. Entre os mentores do movimento se destacam David Miliband, que dirigia o Institute for Public Policy Research, e o sociólogo Anthony Giddens, professor da Universidade de Cambridge, que mais tarde se tornaria diretor da London School of Economics. Após a vitória dos trabalhistas, Miliband e Giddens tornaram-se conselheiros de Tony Blair: o primeiro foi seu chefe de gabinete e o

---

[121] Jessop, Kevin e Bromley, 1990.
[122] Cockett, 1995.

segundo sistematizou os princípios da política de terceira via, alinhavando o novo trabalhismo britânico e o movimento dos novos democratas estadunidenses. Ambos partilhavam de um mesmo conjunto de ideias e tinham como objetivo fundar uma "nova esquerda".[123]

No livro *A terceira via* (1999), Giddens faz uma síntese dos pensamentos desse movimento político. Na abertura do texto, o autor aponta o fracasso do socialismo como forma de administração econômica e como modo de expressar a vontade social. Defende também uma visão mais pragmática do Estado, valorizando a filosofia de livre-mercado do ponto de vista econômico e moral. Antes de elaborar suas teses sobre a terceira via, Giddens aponta as falhas da social-democracia clássica edificadora do Estado do bem-estar, criticando o seu caráter excessivamente coletivista, igualitário e protetor. Dirige também suas críticas ao neoliberalismo, representado pelo governo de Margareth Thatcher.

Para Giddens, o neoliberalismo está em apuros, pois o seu fundamentalismo de mercado e conservadorismo político estariam em conflito. Giddens faz uma crítica do neoconservadorismo thatcherista, que adotou o livre-mercado, mas tentou limitar suas tendências perniciosas através de valores como religião, pátria e família. Em um artigo anterior,[124] Giddens já argumentava que o caráter conservador do neoliberalismo de Thatcher era um elemento paradoxal no contexto de uma ideologia que defende processos radicais de mudança. Em seus trabalhos mais recentes, Giddens descarta os traços conservadores das reformas thatcheristas, mas continua defendendo o que ele considera o "progressismo de livre-mercado".

Para Giddens, a saída é voltar-se para o liberalismo, pois, na sua visão, o socialismo e o conservadorismo se desintegraram e o neoliberalismo enfrenta sérias contradições. Com a política da terceira via, Giddens tenta elaborar uma nova social-democracia ou um liberalismo social, defendendo uma atitude positiva perante o livre-mercado, o individualismo e a globalização e desaprovando o que ele considera um protecionismo econômico, cultural e social. Giddens também coloca em questão a distinção entre direita e esquerda, mas não a descarta, pois caracteriza a terceira via como centro-esquerda ou esquerda moderna, ou ainda como uma manifestação da "nova esquerda".

Segundo Giddens, os valores centrais da terceira via são: "igualdade", "liberdade como autonomia", "não há direitos sem responsabilidades" e "não há autoridade sem democracia".[125] Em relação à "igualdade", o autor defende a igualdade de oportunidades,

---

[123] Miliband, 1997; Giddens, 1999.
[124] Giddens, 1997.
[125] Ibid.

pois apesar do liberalismo gerar grandes desigualdades econômicas, "estas não importam, desde que pessoas com determinação e talento possam ascender a posições adequadas às suas capacidades".[126] De um modo geral, Giddens dirige críticas à meritocracia plena ou, em outras palavras, à associação automática entre cidadania e direitos. Na sua interpretação, o papel do governo não seria prover os direitos, mas assegurar a busca do mérito. Dessa forma, coloca em questão a universalização das políticas sociais e defende uma focalização da assistência nos mais necessitados.

Giddens retoma então o discurso neoliberal contra o Estado do bem-estar e afirma que são válidas algumas críticas da direita, em especial a interferência do Estado na livre-escolha individual. Além disso, afirma que a universalidade das políticas sociais pode incitar o indivíduo a "sabotar" o sistema, fazendo uso inadequado dos recursos que o Estado dispõe. Utilizando o conceito de "perigo moral" das companhias de seguro, o autor afirma que quanto maiores os benefícios, maior o risco de fraude, pois haveria uma "tendência maior a solicitar a assistência social, maior ausência do trabalho por pretensas razões de saúde e um nível mais baixo de procura de emprego".[127]

Na visão de Giddens, "não há direitos sem responsabilidades" e o bem-estar não é um conceito econômico, mas psicológico. Defende assim que o Estado deveria investir em desenvolvimento de capacidades em vez de fornecer diretamente o sustento econômico. Para ele, a igualdade se garante através da emancipação do indivíduo e da coletividade: a política emancipatória seria parte do terreno das oportunidades de vida, de bem-estar e de autoestima das pessoas que são efetivadas através do respeito à escolha, à identidade e à mutualidade dos indivíduos.[128]

Para Giddens, o individualismo é um fenômeno institucionalizado, pois atualmente as conquistas profissionais e os direitos se voltam para o indivíduo. Identifica então o surgimento de um novo individualismo que, em tese, se relaciona com a autônoma de ação e não o campo egoístico do interesse econômico que, a seu ver, caracteriza o individualismo neoliberal. No seu entendimento, a "geração do eu" não assinala um processo de decadência moral, mas uma contestação das formas tradicionais e conservadoras de autoridade.[129]

Ao associar a liberdade à autonomia e criticar as tradições, Giddens parece se afastar da concepção neoliberal de liberdade, que descarta qualquer noção de emancipação. No entanto, ele está apenas reposicionando o *status* da tradição e aderindo à

---

[126] Giddens, 1997.
[127] Ibid.
[128] Ibid.
[129] Ibid.

mesma visão de liberdade defendida por Hayek. Na realidade, Giddens rejeita o direito humano de participação em decisões coletivas, pois em trabalhos anteriores coloca em questão a influência do indivíduo nas decisões de interesse coletivo e a possibilidade de uma distribuição mais equitativa de poder.[130] Por outro lado, a linha de argumentação utilizada para diferenciar o individualismo da terceira via do individualismo neoliberal apresenta algumas fragilidades, pois na realidade tanto Giddens quanto Hayek tentam descaracterizar o individualismo como um comportamento egoísta e maximizador de interesses.

Uma afirmação feita por Hayek em 1944 sustenta a posição:

> O individualismo tem hoje uma conotação negativa e passou a ser associado ao egoísmo. Mas o individualismo a que nos referimos, em oposição ao socialismo e a todas as outras formas de coletivismo não está necessariamente relacionado a tal acepção. Podemos dizer que o individualismo tem como características essenciais o respeito pelo indivíduo como um ser humano, isto é, o reconhecimento da supremacia de suas preferências e opiniões na esfera individual, por mais limitada que esta possa ser, e a convicção de que é desejável que os indivíduos desenvolvam dotes e inclinações pessoais.[131]

Partindo dos três primeiros valores da terceira via, Giddens tenta justificar porque "não há autoridade sem democracia". Na sua visão, a direita sempre considerou a família, a nação, o governo e outras instituições como "meios perfeitos para justificar a autoridade", mas atualmente não há mais como garantir a autoridade através da tradição, pois o novo individualismo "exige que ela seja remodelada de forma ativa ou participatória".[132] Com esta crítica, ele se dirige contra a vontade thatcherista de controlar o livre-mercado por meio de premissas conservadoras e tenta remover do neoliberalismo britânico o que ele considera um "ranço autoritário".

Afirma, então, que qualquer forma de intervenção afeta a liberdade individual e sugere a democracia para controlar as más tendências do mercado, apontando a participação dos indivíduos no estabelecimento da autoridade como a saída para preservar o direito de escolha. Dessa forma, Giddens faz uma defesa do regime democrático, mas enfatiza muito mais a vantagem de utilizá-lo como forma de controle social e remodelamento da autoridade do que seu potencial emancipatório. Do mesmo

---

[130] Consulte Giddens, 1997 e 1991.
[131] Hayek, 1990.
[132] Giddens, 1999.

modo que Hayek, o autor aponta a democracia como um meio para preservar o funcionamento dos mercados e assegurar a liberdade individual frente à ameaça imposta pelo sistema de autoridade estatal.

Vale ressaltar que a relação entre o neoliberalismo e a democracia é permeada de ambiguidades. Hayek, por exemplo, aponta a democracia como uma "invenção útil para salvaguardar a paz interna e a liberdade individual",[133] mas admite que um regime autocrático também poderia desempenhar o mesmo papel. Por outro lado, Hayek identifica na democracia ilimitada um risco de se caminhar para uma economia dirigida e um governo totalitário, pois, ao seu ver, nenhum sistema de governo no qual os direitos de propriedade e as liberdades básicas estão sujeitas à revisão satisfaz os requisitos liberais.[134] Assim, o governo liberal limitado, defendido pelos pensadores neoliberais, não precisa ser necessariamente um governo democrático: o fundamental é que as autoridades governamentais restrinjam suas atividades ao papel da lei, consolidando um governo constitucional, que também pode ser do tipo autoritário.

## Terceira via e neoliberalismo

Em síntese, guardadas as devidas diferenças e proporções, a terceira via preserva as premissas econômicas e morais do neoliberalismo. Ao identificar o pensamento conservador com a nova direita e o livre-mercado com a transformação, Giddens converte as recomendações neoliberais em políticas progressistas e, portanto, assimiláveis pela nova esquerda. No Reino Unido, Tony Blair se vale desta conversão para prosseguir com as políticas thatcheristas no campo econômico e também com a implementação do gerencialismo no setor público. Atualmente, o gabinete do primeiro-ministro mantém um departamento exclusivo para isto — o Centre for Management and Policy Studies — e o programa de modernização do novo trabalhismo[135] se baseia no estímulo ao empreendedorismo no serviço civil público e na ideia de que os funcionários são individualmente responsáveis pelo sucesso das políticas de governo.

Durante seu governo, Blair reelabora as medidas neoliberais, distanciando-se do projeto original do novo trabalhismo e, ao alinhar-se à terceira via, o novo trabalhismo prossegue com o projeto iniciado na era Thatcher: a reinserção econômica do

---

[133] Hayek, 1990.
[134] Para uma apreciação crítica sobre a noção de democracia em Hayek, consulte Moraes, 1999.
[135] Du Gay, 2000.

Reino Unido na nova configuração do capitalismo contemporâneo. Na realidade, a terceira via apenas ocupou o lugar do desgastado neoliberalismo clássico e preservou o essencial do projeto neoliberal em seu conteúdo programático, mantendo intactas as reformas já realizadas e intensificando a flexibilização do trabalho para fundar definitivamente o capitalismo popular baseado no autoempreendimento. Blair esvaziou o projeto no novo trabalhismo quando se recusou a rever a desregulamentação e flexibilização do mercado de trabalho. A ligação entre a central sindical britânica — Trade Union Congress — e o Partido Trabalhista tornou-se cada vez mais tênue durante as décadas de 1980 e 1990 e a absorção do ideário gerencialista contribuiu para a intensificação do ritmo de trabalho e para a diminuição dos direitos sociais.[136]

Essa crítica realizada por Ricardo Antunes é partilhada por outros autores: a terceira via vem sendo contestada e, em geral, identificada com o neoliberalismo. A existência de um contracorrente que resiste em aceitá-la como uma nova esquerda motivou Anthony Giddens a escrever um novo livro, onde sistematiza as críticas feitas à política de terceira via: *A terceira via e seus críticos* (2001). Nele, o autor afirma que para os críticos a terceira via não tem uma política econômica e de desenvolvimento bem definida e, por esse motivo, absorve a estrutura básica do neoliberalismo, distanciando-se da possibilidade de alcançar sucesso na luta contra as desigualdades de renda, riqueza e poder.

Giddens tenta responder às críticas afirmando que a terceira via não desloca a justiça social e a solidariedade. Além disso, argumenta que uma sociedade civil forte é necessária para a eficácia da democracia liberal e que a terceira via estaria engajada nesse ideal, pois supostamente procura resgatar a participação social. Na sua visão, a terceira via não é uma continuação do neoliberalismo, mas uma filosofia política alternativa a ele, pois considera as consequências sociais das decisões baseadas no mercado.[137]

Reafirma, então, os fundamentos da política de terceira via expostos em 1998, reforçando suas proposições com alguns novos argumentos. No entanto, mantém intacto o eixo liberal e continua defendendo os princípios da reforma neoconservadora e da nova administração pública. Além disso, seu realismo utópico,[138] que nega a utilidade das teorias de mudança social, atinge o ápice, pois a terceira via se concretiza em um conjunto de procedimentos a ser colocado em prática pelos governantes, sem grande intervenção da sociedade civil, que se encontra fragmentada em indivíduos

---

[136] Antunes, 1999.
[137] Ibid.
[138] Giddens, 1991.

preocupados com os seus próprios interesses e é chamada a participar quando é conveniente para o Estado e o mercado.

Dessa forma, no que se refere à gestão pública, Giddens se dirige para uma posição mais centralizadora, pois tende a negar a possibilidade de condução coletiva do interesse público. O que fica claro quando o autor interpreta a modernidade como um "carro de Jagrená",[139] uma máquina de enorme potência que os seres humanos não teriam como controlar, reforçando a inexorabilidade da ação dos mercados, da globalização e das transformações trazidas pelas revoluções tecnológicas, máximas que permeiam o discurso da terceira via. Além disso, o "carro de Jagrená" também pode ser interpretado como uma metáfora das sociedades de livre-mercado que renunciam a qualquer tipo de planejamento e apostam que não há possibilidade de escolhas coletivas.

## Governança progressista

Com a análise realizada, constatamos que a terceira via dirige suas críticas ao conservadorismo, mas mantém o eixo liberal e tenta sofisticar o discurso do livre-mercado, adaptando-o ao ideário da globalização. Por outro lado, a terceira via não descarta as reformas neoconservadoras, pois estas têm inspiração liberal e são consideradas progressistas. Por meio desse mecanismo, a nova administração pública também é assimilada por essa orientação política: ganha novas nuances e se consolida como um modelo para a gestão pública contemporânea. Constatamos então uma continuidade entre o neoconservadorismo e a terceira via, pois ambos defendem o pensamento liberal e a mesma forma de se gerir o Estado.

Durante os anos 1990, a política de terceira via e suas práticas administrativas se tornaram referências para os governos social-liberais, pois reunia em um mesmo movimento líderes como Bill Clinton (Estados Unidos), Tony Blair (Reino Unido), Gerhard Schröder (Alemanha), Lionel Jospin (França), Romano Prodi (Itália), Antonio Salinas (México) e Fernando Henrique Cardoso (Brasil). A identificação feita pelos críticos entre a terceira via e o neoliberalismo levou os líderes políticos a mudarem o nome do encontro regular que realizam desde 1999 de "terceira via" para *progressive governance* ou governança progressista. A nova denominação tem duas vantagens: evita as ambiguidades do termo terceira via e resgata a ideia de progressismo cultivada pelos novos democratas estadunidenses.

---

[139] Giddens, 1991.

Em linhas gerais, o grupo da governança progressista procura manter a disciplina econômica obtida com as reformas estruturais e "democratizar a globalização", conjugando os benefícios do mercado com um estilo de governo mais focado nas questões sociais, que passaram a ser demandadas no final da década de 1990. O documento final da conferência de 2002[140] defende a ação conjunta dos governos no combate ao crime e procura incentivar as políticas educacionais, a criação de empregos, a inovação no setor público e a diversidade cultural.[141]

Verificamos assim que os governos de orientação liberal-social adotaram uma posição mais conformista, pois se renderam às reformas neoliberais realizadas e tentaram se adequar a elas, incluindo questões sociais. Mas, apesar do esforço para se manterem hegemônicos no panorama político, não estão conseguindo deter o avanço das visões ultraliberais. Fato comprovado pela ascensão de George Bush, Silvio Berlusconi e José Maria Aznar: nos Estados Unidos, na Itália e na Espanha a política de terceira via vem perdendo terreno. Além disso, o próprio Tony Blair, que é considerado um dos fundadores da terceira via, vem sendo acusado por adversários políticos de destruir os pilares do trabalhismo britânico e aderir ao eixo ultraliberal europeu.[142] Durante o seu primeiro mandato e após a sua reeleição,[143] Tony Blair foi continuamente criticado pelo seu fracasso em reconstituir as políticas de bem-estar e pelo seu alinhamento com as ideias de George Bush, sendo apontado como um herdeiro político do thatcherismo.

No que se refere às políticas sociais e de segurança pública, os governos alinhados com a terceira via vêm falhando em atender às necessidades da população. O que de certa forma justifica a tentativa dos adeptos da terceira via de renovarem essa orientação política por meio da governança progressista, pois esta se propõe a resgatar a questão social. A nova administração pública então realiza mais um movimento adaptativo, gerando a *progressivism public administration*, ou administração pública progressista,[144] termo utilizado para designar o tipo de administração que emergiu nos Estados Unidos a partir do movimento "reinventando o governo".

Como vimos, a administração pública progressista também vem abrangendo o termo governança, que é bastante impreciso e abriga vários significados,[145] mas está sendo frequentemente utilizado no âmbito da nova administração pública e do Banco

---

[140] O documento está disponível na íntegra no site da conferência: <www.progressive.gov.se>.
[141] Rodrigues, 2002.
[142] Starobinas, 2002.
[143] Glyn e Wood, 2001; Denham e Garnett, 2001.
[144] Abrucio, 1997.
[145] Kiely, 1998; Rhodes, 1996.

Mundial para designar a administração eficiente dos negócios públicos — a *good governance* ou "boa governança". Alguns autores[146] tentam propor um conceito mais abrangente de governança, que interpreta o Estado como um sistema político mediado por redes auto-organizadoras, cujos resultados são produto da interação do governo local, do setor privado e do setor voluntário.

Outros autores[147] definem governança como a capacidade estatal de implementar políticas e alcançar metas coletivas por meio de mecanismos e procedimentos capazes de expandir os meios de interlocução, a participação social e a administração do jogo de interesses. No entanto, a despeito desta evolução conceitual, a governança não assimilou adequadamente a dimensão sociopolítica da gestão, pois atualmente a prática da governança ainda se reduz à abordagem tecnocrática e tem uma visão excessivamente estreita da política, uma vez que ainda não foram encontrados caminhos para lidar com questões como conflito, negociação e cooperação.[148]

Em síntese, nossas análises demonstraram que a mesma agenda política e administrativa perpassa o neoliberalismo e a terceira via: o pensamento liberal é mantido, assim como as visões de reforma e gestão que a ele se associam. Nesse contexto, a pressuposição de eficiência técnica e administrativa transformou a nova administração pública em um modelo ideal a ser emulado pelos países que estão reformando seu aparelho de Estado e práticas de gestão. No entanto, apesar dos resultados negativos no campo das políticas sociais e melhoria da qualidade de vida dos cidadãos, sua eficiência não tem sido questionada e tampouco são discutidos os limites estruturais desse modelo de gestão, que dificultam a inserção da dimensão sociopolítica. Tais limitações colocam em jogo o seu comprometimento com a democracia e serão detalhadamente discutidas no próximo capítulo.

---

[146] Rhodes, 1996.
[147] Diniz, 1997.
[148] Kiely, 1998.

# 4

# Um modelo de gestão em crise

Anteriormente, examinamos como a nova administração pública se transformou em um modelo hegemônico de gestão. Ao longo da análise, constatamos que a nova administração pública tende a manter a dicotomia entre a administração e a política, pois não transportou a dimensão sociopolítica do discurso para a prática. Neste capítulo, fazemos uma avaliação crítica da nova administração pública e aprofundamos a discussão das suas limitações estruturais, apontando como elas restringem o alargamento da democracia.

As críticas à nova administração pública ainda são escassas e na literatura constam principalmente análises de autores britânicos. Na primeira parte, resgatamos e discutimos estas críticas, apontando os limites da nova administração pública. Na segunda parte, fazemos uma crítica do gerencialismo, utilizando como referencial os estudos organizacionais críticos. Examinamos então dois mitos gerencialistas assimilados pela nova administração pública: a eficiência dos "modismos gerenciais" e a transição para a organização pós-burocrática. Quanto ao segundo ponto, demonstramos que na realidade está surgindo uma "burocracia flexível", fruto da flexibilização pós-fordista, que vem sendo emulada no setor público, originando um Estado gerencial.

De um modo geral, nossa análise revela que a nova administração pública tem caráter centralizador e que os dilemas da dinâmica política continuam intocados, pois o gerencialismo não se volta para questões que envolvem a complexidade da gestão, como por exemplo, a integração entre os aspectos técnicos e políticos. Assim, na terceira parte, sintetizamos nossos argumentos e concluímos que a nova administração pública está em crise, pois não se orienta à solução de pontos fundamentais para a evolução e o desenvolvimento da gestão pública: a elaboração de ideias e práticas administrativas específicas para o setor público, a inter-relação entre administração e política e a democratização do Estado.

## Os limites da nova administração pública

O exame da literatura nos permitiu apontar as seguintes limitações da nova administração pública:

- formação de uma nova elite burocrática;
- centralização do poder nas instâncias executivas;
- inadequação da utilização das técnicas e práticas advindas do setor privado no setor público;
- dificuldade de lidar com a complexidade dos sistemas administrativos e a dimensão sociopolítica da gestão;
- incompatibilidade entre a lógica gerencialista e o interesse público.

A seguir, examinamos detalhadamente cada ponto.

### Formação de uma nova elite burocrática e centralização do poder no Executivo

De um modo geral, as experiências têm demonstrado que a nova administração pública não reduz os custos governamentais da forma que se esperava, porque sua implementação gera uma nova camada de burocratas para dar conta da reorganização do aparelho do Estado e da regulação das atividades transferidas para o setor privado.[149] Para alguns autores,[150] a nova administração pública não deixa de ser um meio de promover os interesses de carreira de uma elite gerencial constituída por altos executivos, consultores que atuam no setor público e escolas de negócios voltadas para o treinamento e desenvolvimento de gestores.

Mas os críticos também afirmam que esse modelo de gestão reforça o poder das instâncias executivas, pois estabelece uma estrutura para o aparelho de Estado que centraliza o poder de decisão na cúpula gerencial, já que estabelece que a formulação das políticas públicas é uma atribuição exclusiva dos ministérios e secretarias do Estado. Um exemplo ocorreu no governo Thatcher, cuja primeira providência foi extinguir os conselhos metropolitanos para em seguida concentrar o processo decisório no núcleo estratégico do Estado.

---

[149] Hood, 1991.
[150] Hood, 1991; Frederickson, 1996.

## Inadequação do gerencialismo e a dificuldade com a dimensão sociopolítica

Os críticos da nova administração pública também costumam questionar a aposta de que ela oferece escolhas técnicas mais adequadas para a superação da ineficiência administrativa e da má utilização dos recursos. Como já mencionamos, esta visão está enraizada na suposta eficiência das práticas e técnicas administrativas criadas no âmbito do setor privado. Alguns defensores da nova administração pública, como Farnham e Horton[151] tentam justificar o uso das práticas e técnicas da administração de empresas no setor público, argumentando que determinadas funções são mais eficientemente administradas quando tratadas a partir da perspectiva do setor privado. O ponto de partida do argumento é uma distinção entre *management* e administração:

- *management* — em geral associado ao setor privado, é uma abordagem racional para a tomada de decisões. Nela, os administradores são os agentes que maximizam o uso de recursos para atingir metas organizacionais e alimentar o crescimento corporativo;
- administração — associada ao setor público, é um processo pelo qual as agências estatais implementam e executam políticas governamentais determinadas pelas autoridades públicas e se baseiam em uma estrutura legal, na qual a otimização de recursos tem importância secundária.

Partindo desta distinção, Farnham e Horton apresentam as visões mais usuais da gestão do setor privado e do setor público: 1) a administração dos setores privado e público é fundamentalmente distinta, sendo o *management* adequado para o setor privado e a administração, para o setor público; 2) não há diferença entre a administração do setor privado ou público; *management* e administração são termos diferentes que descrevem atividades similares; 3) a diferenciação faz sentido em termos, pois é possível combinar *management* e administração pública tradicional.[152]

Segundo os autores, no pós-guerra vigorou o pressuposto de que o *management* é uma atividade universal, ou seja, os gerentes, no setor público ou privado, desempenham tarefas e papéis similares. A abordagem, que emergiu nos anos 1950, teria sido resgatada nos anos 1980, quando o movimento gerencialista atingiu o setor público. Na visão dos autores, a nova administração pública se insere neste contexto,

---

[151] Farnham e Horton, 1992.
[152] Ibid.

mas estaria mais alinhada com a combinação do que com a distinção entre *management* e administração.[153]

Para Farnham e Horton,[154] a gestão do setor público é essencialmente distinta do setor privado. Primeiro, porque ambos apresentam especificidades estruturais:

- setor privado — constituído por companhias, sociedades e corpos voluntários engajados no provimento de bens e serviços, cuja característica distintiva é a orientação para a sobrevivência no mercado, que justifica a busca de eficiência e lucratividade;
- setor público — constituído por um conjunto de organizações que enfrentam dificuldades para generalizar suas metas, objetivos, estruturas e estilos de gestão, mas que têm em comum a tentativa de operacionalizar políticas governamentais que atendam às metas e aos objetivos políticos.

Segundo, porque no setor público as metas governamentais são estabelecidas por políticos e critérios de sucesso relativos: as metas não são reduzidas a lucros e perdas. Na realidade, são frequentemente complexas e conflitantes, pois a tarefa dos políticos é tentar satisfazer interesses diversos, traduzindo-os em políticas governamentais implementadas pelos corpos públicos. A divisão de responsabilidades entre esses corpos também segue mais as considerações políticas do que os princípios lógicos, econômicos e organizacionais.

Em síntese, segundo os autores, a administração pública tem uma natureza multifuncional que resulta em estruturas complexas e envolve as seguintes expectativas: o atendimento dos interesses públicos e o provimento dos bens e serviços. Por outro lado, os corpos públicos operam dentro de uma estrutura legal, pois no setor público só se pode fazer o que a lei permite e prescreve: a *accountability* então deve se referir à responsabilidade e comprometimento do funcionário em relação às restrições legais.

Farnham e Horton admitem que o gerencialismo foi ideologicamente articulado pelos "gurus" e outros agentes do mundo do *management*. No entanto, não descartam as recomendações deles. Para os autores, apesar das diferenças entre a administração do setor público e a do setor privado, as visões e ferramentas gerenciais também podem ser aplicadas no setor público,[155] porque existem dois tipos de sistemas (quadro 1).

---

[153] Farnham e Horton, 1992.
[154] Ibid.
[155] Ibid.

## Quadro 1
## Características dos sistemas administrativo e de *management*

| Característica | Sistema Administrativo | Sistema *Management* |
|---|---|---|
| Foco | Objetivos gerais | Objetivos específicos |
| Medida do sucesso | Evitar erros e fazer as coisas certas | Resultados quantitativos |
| Uso eficiente dos recursos | Objetivo secundário | Objetivo primário |
| Responsabilidade dos envolvidos | Mais definida, implicando uma delegação mais limitada de tarefas | Mais difusa, implicando uma maior delegação de tarefas |
| Papel do administrador/*manager* | Árbitro e interpretador de regras | Protagonista, que busca oportunidades e luta por recursos |
| Orientação geral | Burocratizar | Flexibilizar |

Fonte: Adaptado de Keeling (1973); Farnham e Horton (1992).

Para Farnham e Horton, no setor público os sistemas administrativos são predominantes e os sistemas de *management* acabam adquirindo suas características, de modo que tendem a operar de forma ineficiente. Na visão dos autores, os sistemas de *management* funcionam da mesma forma no setor público ou privado e são adequadamente administrados quando se recorre às ideias e práticas gerencialistas. Assim, a introdução do gerencialismo no setor público se justificaria quando se trata de sistemas de *management*, tais como administração da estratégia, administração financeira, administração da qualidade, administração de pessoal, administração de tecnologias de informação.[156]

No entanto, na nossa visão, a argumentação dos autores apresenta pelo menos duas falhas:

❑ apesar de reconhecerem o caráter ideológico do gerencialismo, mencionando inclusive a atuação dos "gurus" do *management*, os autores não questionam a efetividade de suas ideias e práticas. Pelo contrário, consideram-nas adequadas para o funcionamento dos sistemas de *management*. Reforçam, assim, o pressuposto da administração do setor privado como um polo de neutralidade técnica e eficiência;

❑ os autores não examinam as relações entre os sistemas administrativos e de *management* no âmbito público. Ainda que sejam consideradas suas diferenças, estes

---

[156] Farnham e Horton, 1992.

sistemas são tratados como entidades estanques e os conflitos gerados pela sua interação não são considerados um problema relevante. Assim, os autores sugerem que a inserção da lógica do *management* resolve a questão da ineficiência do setor público, mas não fazem nenhuma recomendação em relação aos sistemas administrativos, deixando de enfrentar sua complexidade sociopolítica e comprometendo sua própria análise sobre as especificidades e características políticas da gestão do setor público.

Por outro lado, a inspiração no gerencialismo, que tende a enfatizar objetivos de curto prazo, comprometendo a visão estratégia e a equidade, vem gerando um considerável custo institucional e social.[157] As técnicas e práticas administrativas advindas do setor privado costumam ser tomadas como entidades neutras, que não teriam nenhuma relação com as crenças e os comportamentos dos administradores que as adotam,[158] quando na realidade as intenções e valores dos gerentes condicionam completamente o processo decisório e administrativo. Além disso, a suposta integridade dos administradores de empresas face aos administradores públicos vem se revelando um mito:[159] a crescente preocupação com a ética e a responsabilidade social das organizações empresariais é uma comprovação disso.

## A incompatibilidade entre a lógica gerencialista e o interesse público

Por se basear na dinâmica administrativa do setor privado e visando acelerar o processo decisório e a eficiência administrativa, a nova administração pública adotou os seguintes pressupostos de gestão: os burocratas devem possuir poder discricionário para tomada de decisão; a performance dos burocratas deve ser avaliada depois que as decisões são tomadas.[160] Em outras palavras, a nova administração pública se funda em *rule-based, process-driven*, ou seja, é guiada por regras elaboradas durante o processo de tomada de decisão. Argumenta-se que essa abordagem pode resultar em uma maior eficiência técnica, além de estimular o senso de responsabilidade dos administradores, visões que também são sustentadas pelos conceitos gerencialistas de *empowerment* e *accountability*.

No entanto, apesar da intenção de aumento da eficiência e dinâmica administrativa, essa lógica de funcionamento gerencial é incompatível com o interesse público,

---

[157] Hood, 1991.
[158] Scott, 1996.
[159] Bogdanor, 2001.
[160] Hood, 1991 e 2001.

pois para assegurá-lo é preciso restringir o poder discricionário dos burocratas e também delimitar as responsabilidades gerenciais antes do processo de tomada de decisão. Por outro lado, há a dificuldade de conciliação entre os interesses dos gerentes públicos e as metas oficiais do governo, pois a excessiva autonomia dos administradores públicos tende a evoluir para uma posição individualista, que compromete a visão global e integrada de governo, além de aumentar os riscos de corrupção. Na verdade, o equilíbrio entre a autonomia gerencial e os interesses organizacionais continua desafiando o próprio setor privado. Por essas razões, os controles da ação gerencial estão sendo resgatados no Reino Unido e em outros países que adotaram a nova administração pública.[161]

## Os limites do gerencialismo

Considerando a centralidade do gerencialismo na nova administração pública e as dificuldades que ele representa, acreditamos que uma análise de seus limites ajudaria no aprofundamento de nossa crítica. Avaliamos alguns mitos que vêm sendo utilizados para justificar a aplicação do gerencialismo no setor público, como por exemplo a eficiência dos "modismos gerenciais" e a transição para a organização pós-burocrática. Utilizamos como referência os estudos organizacionais críticos, pois eles vêm gerando trabalhos que colocam em questão os mitos e oferecem pistas para refletir sobre o modelo organizacional gerencialista.

Na literatura sobre o tema, constatamos que as críticas dirigidas ao gerencialismo se acirraram quando esse ideário invadiu o setor público.[162] Durante os anos 1990, as críticas também se voltaram para o setor privado e contribuíram para a emergência dos estudos organizacionais críticos, abordagem que vem atraindo cada vez mais pesquisadores, tanto pela ruptura com as visões funcionalistas e instrumentais da administração, quanto pela possibilidade de estimular mudanças no mundo do *management* por meio de crítica e análise das organizações e dos agentes que nelas atuam.

Análises assim vinham sendo realizadas de forma esparsa e irregular durante os anos 1980.[163] Nos anos 1990, Mats Alvesson e Hugh Willmott realizaram um esforço de unificação das mesmas e fundaram a corrente *critical management studies*, que

---

[161] Hood, 1991 e 2001.
[162] Grey, 1996.
[163] Burawoy, 1979; Burrell e Morgan, 1979; Salaman, 1979; Salaman e Thompson, 1980; Clegg e Dunkerley, 1980; Littler, 1982; Forester, 1983; Willmott, 1984 e 1987; Fischer e Sirianni, 1984; Steffy e Grimmes, 1985; Alvesson, 1987; Knights e Willmott, 1990.

desencadeou uma proliferação de pesquisas, conferências e redes acadêmicas na área. Segundo Davel e Alcadipani,[164] após a publicação do livro de Alvesson e Willmott[165] em 1992, a British Academy of Management criou uma sessão temática para administração crítica nos anos de 1996, 1999 e 2000. A Academy of Management também criou um *workshop* sobre o tema que integra seu encontro anual desde 1998. Em 1999, a University of Manchester Institute of Science and Technology organizou um congresso sobre o assunto, cuja segunda edição ocorreu em 2001. Além disso, alguns periódicos tradicionalmente ortodoxos, como o *Administrative Science Quartely* realizaram um número temático sobre estudos críticos em administração.

Vale ressaltar que, no mesmo período, estudo críticos sobre a subjetividade e os indivíduos nas organizações, inspirados na psicologia social e na psicanálise, também se multiplicaram entre pesquisadores franceses e canadenses. Em relação ao Brasil, verificamos em outra pesquisa[166] a existência de trabalhos que seguem as temáticas e objetivos dos estudos organizacionais críticos antes da formação da corrente *critical management studies*. Destacam-se as obras de Alberto Guerreiro Ramos, Maurício Tragtenberg e Fernando Prestes Motta, cujos trabalhos se consolidaram no final da década de 1970.

De um modo geral, o movimento *critical management studies* oferece uma agenda de pesquisa para os teóricos e analistas organizacionais interessados na abordagem. Os estudos organizacionais críticos entendem o *management* como um fenômeno político, cultural e ideológico. Eles se voltam para a emancipação dos indivíduos no mundo do trabalho e sua intenção é dar voz aos gerentes não somente como administradores, mas como pessoas, e também para outros grupos sociais (subordinados, clientes, homens e mulheres, cidadãos), cujas vidas são afetadas pelas atividades e ideologias do *management*.[167]

O leque de perspectivas teóricas para essa agenda é amplo e inclui o neomarxismo, o pós-estruturalismo e prioritariamente a escola de Frankfurt, especialmente autores como Theodor Adorno, Max Horkheimer, Herbert Marcuse e Jüergen Habermas. A teoria crítica frankfurtiana se destaca no conjunto porque provê um contraponto intelectual crítico-construtivo para os estudos *mainstream* no campo do *management*, além se ser suficientemente ampla para servir como fonte de reflexão para assuntos epistemológicos, noções de racionalidade e progresso, visões da tecnocracia e questões como autonomia, controle, poder e ideologia.[168]

---

[164] Davel e Alcadipani, 2003.
[165] Alvesson e Willmott, 1992.
[166] Consulte Paula, 2004.
[167] Alvesson e Willmott, 1992; Alvesson e Deetz, 1996.
[168] Ibid.

Geralmente, três temas são combatidos pelos críticos da administração:[169] a ideia de que as organizações são necessárias, naturais, racionais e autoevidentes e não fruto de um complexo processo sócio-histórico; a visão de que os interesses administrativos são universais e de que não há interesses conflitantes; e o domínio da instrumentalidade e da competição no imaginário organizacional.

Assim, a utilização dos mitos gerencialistas no setor público também é objeto de questionamento e interesse para os analistas críticos da administração. Logo, partiremos das orientações dessa vertente crítica para analisar os limites dos modismos gerenciais e a falácia do modelo pós-burocrático de organização. Em relação a esse modelo organizacional, constatamos na verdade a emergência de uma "burocracia flexível" que, assimilada pelo setor público, vem gerando um Estado gerencial.

## Crítica das panaceias gerenciais

Aqui, aprofundamos o exame das panaceias gerenciais, abordando dois pontos: o papel dos "gurus" do *management* e os limites dos "modismos" gerenciais. Nosso objetivo é demonstrar que as ideias e ferramentas de gestão empresarial nem sempre são eficientes e, quando transferidos para o setor público, apresentam limites no que se refere à integração entre os sistemas de *management* e os sistemas de administração, ou seja, não tocam na dimensão sociopolítica da gestão.

## O papel dos "gurus" do management

O *management* é conduzido por uma elite social[170] que utiliza uma retórica específica e manipula os recursos organizacionais de forma a facilitar suas atividades e objetivos. O papel dos "gurus" é prover os gerentes com elementos que auxiliam na explicação e justificação de suas condutas.[171] Nas últimas décadas, os "gurus" elaboraram uma retórica do *management* e disseminaram suas ideias e práticas através da mídia de negócios, atingindo também as empresas de consultorias e escolas de *business*.[172]

Devido à popularidade desse discurso, na literatura de administração existem mais livros de "gurus", biografias de gerentes e publicações do tipo *pop-management*,[173]

---

[169] Alvesson e Willmott, 1992.
[170] Consultar Bendix, 1956; e Pattison, 1997.
[171] Collins, 2000.
[172] Consulte Collins, 1999; Huczynski, 1993; Jackson, 1996 e 2001; Micklethwait e Wooldridge, 1998; Wood Jr., 1997 e 2001; e Burnes, 1998.
[173] Wood Jr. e Paula, 2002a.

como por exemplo livros e revistas de administração publicados em larga escala e para o consumo rápido, tais como *Exame*, *Você S.A.* e *HSM Management* e as biografias de gerentes bem-sucedidos como Jack Welsh e Bill Gates, do que obras acadêmicas.

No entanto, as obras dos "gurus" são questionáveis, pois eles costumam ser contraditórios e incapazes de autocrítica, além de habitualmente apresentarem lugares-comuns como se fossem grandes descobertas. Em geral, os textos dos "gurus" são baseados em opiniões pessoais, escassamente fundamentados em pesquisa e pobres no que se refere à orientação teórica.[174] Apesar da baixa qualidade científica, essas publicações costumam ser utilizadas como referência por professores de administração e consultores, além de orientarem os gerentes na escolha de práticas administrativas, alimentando os "modismos gerenciais".

De um modo geral, os "gurus" e a elite gerencial reelaboram o discurso do *management*, adaptando-o às circunstâncias e lançando "modismos", mas mantendo uma certa estabilidade.[175] Isso se confirma com a análise dos textos sobre o *management* publicados entre os anos 1960 e 1990,[176] que apresentam um discurso bastante homogêneo. Um exemplo: na década de 1960 ocorreu um movimento pelo aumento da descentralização e do poder discricionário dos administradores, bem como uma crítica à burocracia. Na década de 1990, o movimento foi retomado e o discurso se adaptou aos imperativos da excelência e da flexibilização.

## Os limites dos "modismos" gerenciais

O tratamento das panaceias gerenciais como "modas" é uma das vertentes que aparecem nos estudos organizacionais críticos. Abrahamson[177] foi um dos primeiros autores a abordar as "modas" e "modismos" gerenciais, fundando uma orientação que foi seguida por outros estudiosos do *management* nos Estados Unidos, na Europa[178] e no Brasil.[179] Essa literatura demonstra que, apesar de populares, os "modismos" tendem a ser desapontadores,[180] comprovando que os gerentes não costumam seguir critérios racionais, mas os imperativos da competição e as instruções da indústria do *management*.[181] O descompasso entre as expectativas e os resultados,

---

[174] Micklethwait e Wooldridge, 1998; e Burnes, 1998.
[175] Tragtenberg, 1974.
[176] Esta análise é realizada por Boltanski e Chiapello, 1999.
[177] Abrahamson, 1991 e 1996.
[178] Collins, op.cit.; Jackson, 1996 e 2001; Gill e Whittle, 1992.
[179] Wood Jr., 1997; Caldas, 1999; Caldas e Wood Jr., 1999; e Wood Jr. e Caldas, 1999.
[180] Consulte também Grint, 1997; e De Burgundy, 1995.
[181] Micklethwait e Wooldridge, 1998; Wood Jr., op.cit., 2001.

bem como as ineficiências geradas abriram espaço para a crítica das panaceias gerenciais em voga nos anos 1980 e 1990.

Collins realizou no livro *Modismos gerenciais e palavras de efeito* (1982) uma compilação dessas críticas, dedicando capítulos para a excelência, a administração da qualidade total, o *empowerment*, a reengenharia, o *downsizing*, entre outros "modismos". Abordamos aqui apenas as linhas gerais que sustentam tais críticas, convidando o leitor a se aprofundar nas pesquisas e indicações bibliográficas.

Em relação ao movimento da excelência, Collins recorre ao trabalho de Guest[182] para argumentar que a coleta de dados realizada por Peters e Waterman no livro *Em busca da excelência* deixa a desejar no que se refere à objetividade e sistematicidade. Além disso, afirma que os oito atributos das empresas consideradas excelentes apresentam duplicidades e se baseiam em conclusões empíricas pouco rigorosas. Em uma entrevista à revista *Fast Company*, o próprio Tom Peters declarou que o livro era um projeto de "segunda categoria" e admitiu que falseou seu conjunto de dados.[183]

Quanto à administração da qualidade total, Collins se baseia nos trabalhos de Wilkinson e Willmott (1995), De Cock e Hipkin (1997), Wilkinson, Godfrey e Marchington (1997) e Beckford (1998). Analisando os textos, Collins conclui que a administração da qualidade total é um projeto marcado por ambiguidades, pois se vale de um discurso de eficiência e melhoria contínua, mas na verdade reelabora o controle e a disciplina dos trabalhadores, limitando sua oposição para facilitar as mudanças desejadas pela cúpula. Analisando a atual situação dos trabalhadores no setor produtivo, Antunes (1999) reforça essa posição, pois revela que a qualidade total contribui para a intensificação do trabalho e que a utilização de estratégias participativas facilita a apropriação dos conhecimentos dos trabalhadores.

---

[182] Guest, 1992.
[183] Peters, 2001. Nas suas palavras (tradução livre): "Em busca da excelência foi uma explicação posterior, um projetinho de consultoria feito na Mckinsey que eu nunca supus que pudesse render tanto. Esta é a minha primeira confissão e esta é a verdade." "Minha segunda confissão é esta: eu não tinha ideia do que estava fazendo quando escrevi este livro. Ele não foi um plano de trabalho cuidadosamente desenhado. Não havia nenhuma teoria que eu quisesse provar. Eu saí e conversei com pessoas genuinamente espertas e notavelmente interessantes. Eu tinha um orçamento de viagem infinito que me permitia voar de primeira classe e ficar nos melhores hotéis e uma licença da Mckinsey para conversar com as pessoas mais legais que eu pudesse encontrar nos Estados Unidos e no mundo." "Confissão número três: isto é uma coisa sem importância, mas para aqueles que valorizam, ok, eu confesso: nós falsificamos os dados. Muitas pessoas sugeriram isto naquela época. A grande questão era, como vocês concluíram que estas companhias são companhias 'excelentes'? Um pouco mais tarde, quando um grupo de companhias 'excelentes' começaram a declinar, isto também se tornou uma grande acusação: se a companhias são tão boas, Peters, então por que elas estão indo tão mal? Do que eu tinha dito muito havia perdido o sentido."

Wood Jr. e Urdan (1995), por sua vez, demonstram que há limites no que se refere ao potencial inovador da administração da qualidade total. Na visão dos autores, os programas de melhoria contínua e qualidade preservaram um "ranço tecnicista", bem como uma tendência taylorista na implantação de rotinas e procedimentos, uma vez que seus métodos derivam em grande parte da engenharia e estatística. Além disso, no caso da certificação ISO 9000, o problema se aprofunda: as normas rígidas que conduzem as empresas para a obtenção dos certificados se assemelham aos métodos de racionalização clássicos.

Constatamos anteriormente que a participação e engajamento permeiam os programas de qualidade total, pois eles defendem o *empowerment* dos funcionários e dos gerentes. Collins (1998 e 1999) e Wilkinson (1998) fazem uma crítica a esses aspectos, mostrando que há aqui um refinamento do controle dos funcionários, que assegura o alcance das metas estabelecidas pelos gerentes. A questão é que a administração participativa não implica necessariamente na emancipação do trabalhador, pois em geral significa uma atribuição de novos encargos sem concessão proporcional de poder. Além disso, esse modo de gestão aumenta a identificação do funcionário com os objetivos da empresa e possibilita a redução de cargos a medida em que concentra um maior número de funções em um único funcionário.

Por outro lado, apesar de serem supostamente livres para agir, os funcionários estão delimitados pelos padrões culturais cultivados na empresa pelas missões organizacionais e pelo controle de seu desempenho. A administração participativa também enfrenta um paradoxo, pois com a reestruturação produtiva o mundo do trabalho passou a ser permeado pela instabilidade, pressão pela eficiência e competição, características que dificultam o trabalho em equipe e o comprometimento com os objetivos de longo prazo.

A reengenharia e o *downsizing* também são criticados por Collins a partir dos trabalhos de Grint (1994), Willmott (1994), De Burgundy,[184] Grey e Mitev (1996) e Grint e Case (1998). De um modo geral, os autores argumentam que as reestruturações radicais afetam o equilíbrio das organizações, geram impactos psicológicos negativos e repercutem na esfera social, aumentando o desemprego e, consequentemente, a exclusão. Esses impactos negativos passaram a ser admitidos na própria literatura popular de negócios que nos últimos anos abordou problemas causados pela reengenharia.

A discussão aqui indica que as práticas administrativas do setor privado não são necessariamente eficientes, o que também vem sendo comprovado por alguns

---

[184] De Burgundy, 1995.

escândalos empresariais recentes, como o caso da Enron.[185] A empresa estadunidense do setor de energia havia sido aclamada por seu modelo eficiente e bem-sucedido de administração. No entanto, faliu e abalou a antes reputada empresa internacional de auditoria e consultoria, Arthur Andersen, evidenciando que por trás da sua imagem positiva havia uma rede de corrupção, que envolveu empresários, jornalistas e membros do governo.

As análises também demonstram que o gerencialismo não gera uma interação entre os sistemas administrativos e de *management*, pois os "modismos" tendem a pactuar com uma visão esquemática do mundo e ignorar a complexidade da gestão, em especial os aspectos sociopolíticos. Assim, a transferência do conhecimento gerado no setor privado para o setor público se torna questionável. Primeiramente, porque as críticas revelam que os "modismos" não são necessariamente eficientes do ponto de vista administrativo, e segundo, porque foram criados para atender às imposições da flexibilização pós-fordista e não às necessidades de integração entre a administração e a política, que é inerente à gestão pública. Ou seja, ainda está em pauta a criação de formas de estruturação e gerenciamento organizacional adequadas à dinâmica política e sintonizadas com o interesse público.

Vale a pena ressaltar que não se trata de negar totalmente a transferência e a adaptação de ferramentas gerenciais para o setor público, mas de levar em consideração o contexto no qual elas foram elaboradas e os problemas que causaram nas próprias organizações empresariais. Por outro lado, há que se relembrar que existem experiências de gestão pública que vêm construindo ideias e ferramentas adequadas ao interesse público e que viabilizam o exercício dos direitos políticos através da participação popular.

## "Burocracia flexível" e Estado gerencial

Um dos pressupostos do pensamento weberiano é que o Estado tende a imitar as organizações empresariais, absorvendo as ideias, as práticas e a lógica que permeiam o setor privado.[186] Argumentamos que o pressuposto continua válido, pois o Estado contemporâneo se espelha na nova administração pública e emula o mundo empresarial, adotando não somente suas ideias e práticas, mas também seu modelo organizacional: a "burocracia flexível".[187] Partimos da falácia da organização

---
[185] Wood Jr., 2002.
[186] Scott, 1996.
[187] Paula, 2002.

pós-burocrática para mostrar como os aparelhos administrativos absorveram a lógica dos modelos de flexibilização pós-fordistas. Em seguida, demonstramos como essas novas características organizacionais são transferidas para o aparelho de Estado, dando origem ao Estado gerencial.

## Organização pós-burocrática?

No capítulo 2, constatamos que Peter Drucker, Tom Peters e seus seguidores recomendam a adesão à organização empreendedora, gerencial e flexível. Nesse âmbito, a organização burocrática — centralizada, hierárquica, autoritária e baseada em regras, disciplina e divisão do trabalho — estaria, supostamente, cedendo espaço para a organização pós-moderna.[188] Essa forma de organização é caracterizada pela descentralização, pela estruturação em rede e pelo uso intensivo de tecnologias de informação.

Também se valoriza aqui a liderança facilitadora, baseada na abertura, confiança e comprometimento; o trabalho fundado na cooperação e a substituição do processo decisório hierárquico por decisões baseadas em *expertise*. Os programas de reengenharia, o *downsizing*, a terceirização, a virtualização organizacional, a flexibilização das contratações e outros recursos de "enxugamento" se inserem neste contexto. Paralelamente, também se passou a enfatizar os programas de qualidade total, que teriam como objetivo implantar a administração participativa e erradicar a hierarquia, através do trabalho em equipe, das células de produção, dos grupos semiautônomos, da autogestão e do *empowerment*.

Estas características sugerem uma transição para o modelo pós-burocrático de organização. No entanto, é preciso analisar a questão cuidadosamente, reexaminando o perfil da organização burocrática. Para Weber (1999), a burocracia é produto de um contexto histórico, estando sujeita a adaptações para atender aos interesses dominantes. Isso é evidente em suas análises do modo de produção asiático e do Estado moderno ocidental, que foram resgatadas por Tragtenberg.[189] Em todos os casos, Weber procura salientar a forma como emerge um corpo burocrático reprodutor das relações de dominação.

Por isso, quando construiu o tipo ideal burocrático — que é marcado pelo formalismo, a impessoalidade, a hierarquia e a administração profissional — Weber se preocupou em apontar seus limites, enfatizando que a burocracia não é só uma

---
[188] Clegg e Hardy, 1996a.
[189] Tragtenberg, 1974.

estrutura, mas principalmente um tipo de dominação. É preciso estar alerta para o risco de confundir a burocracia com o tipo ideal, deslocando-a como categoria histórica e forma de poder.[190] Além disso, é importante evitar a utilização do tipo ideal como referência para identificar a burocracia, pois isso vem ajudando a legitimar a ideia de que as organizações burocráticas estão se convertendo em organizações pós-burocráticas.[191]

Partindo dessas considerações, levantamos a seguinte hipótese: a organização pós-moderna é uma nova expressão da burocracia, pois trata-se de uma adaptação do antigo modelo organizacional ao novo contexto histórico. Por outro lado, sua aparente aproximação do modelo pós-burocrático está relacionada com a confusão entre a burocracia e o tipo ideal. É preciso considerar que, no atual contexto, mais do que uma forma de aumentar a eficiência, a flexibilização da produção é uma regra, pois o mercado pressiona pelo retorno no curto prazo para os acionistas e pela pronta resposta à demanda do consumidor. Por outro lado, essa aceleração dos processos administrativos também tornou desejável que os funcionários tivessem mais controle sobre suas atividades.

Esse controle, contudo, está sendo concedido sob a vigilância das novas tecnologias de informação e de recursos simbólicos de monitoramento comportamental: os sistemas burocráticos de supervisão estão se tornando cada vez mais adaptativos.[192] Paradoxalmente, o novo sistema de dominação está sendo construído sob a insígnia da liberdade. Um dos melhores exemplos disso é a nova forma de se organizar o tempo no local de trabalho — o *flexitempo* — que é caracterizado pelo planejamento flexível das jornadas e pelo trabalho virtual: o funcionário deixa de ser monitorado pelo relógio de ponto para ser controlado pela tela do computador.[193] Por outro lado, a centralidade do trabalho em equipe veio substituir a vigilância do administrador pela pressão dos colegas, tornando-se uma estratégia para aumentar a produtividade. Assim, as responsabilidades são partilhadas e não há uma figura que simbolize a autoridade, mas a dominação continua permeando as relações entre os indivíduos no trabalho.[194]

Ao transformar o conhecimento em fonte de poder, a organização pós-moderna também tornou a distribuição do conhecimento uma ferramenta para redesenhar a hierarquia.[195] Apesar do discurso participativo, este modelo organizacional vem

---

[190] Tragtenberg, 1974.
[191] Motta, 1993.
[192] Reed, 1996.
[193] Sennet, 1999.
[194] Ibid.
[195] Clegg e Hardy, 1996b.

falhando em suas tentativas de democratizar as relações sociais no processo de produção, pois ainda é dominado por uma lógica mecanicista e funcionalista, fazendo prevalecer ações instrumentais.[196] Desse modo, a proclamada desburocratização das empresas é enganadora, pois apesar do abandono da rigidez típica da organização burocrática, a sua característica fundamental, que é a dominação e a alienação do trabalhador, está sendo recriada:[197] combinando neolibertarismo e sofisticada vigilância, perpetuam-se as formas de disciplina e controle organizacionais.

## A "burocracia flexível"

Emerge assim, a "burocracia flexível", um aparelho organizacional que atualmente é mais eficaz do que a burocracia dos tempos fordistas. No início do século, Weber[198] verificou que o sucesso da organização burocrática como modelo organizativo se devia principalmente à sua superioridade técnica: ela possibilitava a maior aceleração possível do tempo de reação da administração diante das situações dadas em cada momento. No contexto do capitalismo monopolista, Weber reconheceu que, instituir competências, poderes de mando, meios coativos e hierarquias rígidas, além de estabelecer ou pactuar regras gerais mais ou menos fixas e abrangentes, era a melhor maneira de organizar a empresa, de torná-la mais reativa às demandas ambientais e de controlar o comportamento dos funcionários.

Weber também constatou que a introjeção das normas é a tendência natural da burocracia, pois nas organizações burocráticas a disciplina e a disposição humana em observar regras e regulamentos habituais são muito mais importantes do que qualquer regulamentação escrita. Por outro lado, o autor apontou que um dos ideais da burocracia é transformar a atividade criativa do funcionário em uma norma de comportamento, de modo que ela seja utilizada e dedicada exclusivamente para fins objetivos.

Com o advento do capitalismo flexível, a velocidade e variabilidade dos acontecimentos aumentaram significativamente. Logo, as características anteriormente citadas já não são capazes de garantir a mesma superioridade técnica e a organização burocrática vem sofrendo grande transmutação. Por trás disso, está o princípio do mercado, que passou a governar internamente as organizações, substituindo a hierarquia centralizada burocrática por formas mais flexíveis de controle.

---

[196] Tenório, 2000.
[197] Reed, 1996.
[198] Weber, 1999.

A despeito das diferenças, a burocracia e o mercado são formas de organização social compatíveis e complementares, pois as relações de mercado não perturbam as relações de poder e hierarquia. Além disso, ambas baseiam sua estabilidade na possibilidade de predizer resultados e exercer o controle, distinguindo-se apenas pelas técnicas e meios utilizados para isto.[199] Weber já havia previsto esta articulação entre burocracia e mercado, pois em nenhum momento as caracteriza como ordens sociais contraditórias.

Partindo do pensamento de Weber, constatamos que a burocracia flexível continua se baseando nas relações associativas racionais, que o autor considera a base da dominação burocrática. No entanto, uma vez que a rigidez não é mais o melhor caminho para responder às contingências e obter a obediência dos funcionários, várias transformações organizacionais estão em curso:

- as competências estão sendo flexibilizadas e variam de acordo com as necessidades da empresa. Em consequência, as hierarquias estão adquirindo um caráter dinâmico, vinculando-se ao domínio das informações e conhecimentos cruciais para os problemas enfrentados em cada momento;
- as regras escritas continuam existindo, as que se referem ao comportamento no trabalho, ou seja, que garantem o controle, permeiam a cultura organizacional e são cotidianamente introjetadas por cada funcionário. Assim, todos os membros de uma organização são portadores das regras implícitas de comportamento e estão igualmente habilitados a monitorar o cumprimento delas pelos colegas;
- as novas tecnologias de informação são cada vez mais utilizadas como ferramentas de controle e estímulo à produtividade. Em algumas atividades, como produção e vendas, os softwares permitem mensurar em tempo real a produção de cada indivíduo, e o correio eletrônico, os telefones celulares, os *bips* e os computadores portáteis auxiliam na extensão da jornada de trabalho, pois tornam o funcionário mais disponível e o trabalho exequível em qualquer lugar ou situação;
- a iniciativa e a capacidade de inovar são cada vez mais exigidas dos funcionários, mas, como previu Weber, nas organizações burocráticas não se espera que a ação criadora seja uma conduta espontânea, mas uma regra de comportamento. Antes o *ethos* burocrático parecia incompatível com a inventividade humana; atualmente, a criação é vista apenas como um comportamento desejável e uma atividade estereotipada.

---

[199] Scott, 1996.

## O Estado gerencial

Por absorver o ideário gerencialista, as características organizacionais do aparelho de Estado que adota a nova administração pública se assemelham à burocracia flexível. O Estado contemporâneo é um Estado gerencial,[200] ou seja, um corpo político e administrativo permeado por movimentos simultâneos de descentralização e recentralização e também por relações competitivas, tanto horizontais como verticais, nas quais o poder é flexibilizado e se encontra disperso.

Tal como a burocracia flexível, o Estado gerencial tende a se negar como uma forma de exercer o poder, mas continua desempenhando esse papel através de mecanismos sutis de controle: move-se assim para uma "zona cinzenta", que combina consentimento e controle difuso. Em consequência, temos um Estado despolitizado e um déficit democrático, pois apesar do discurso de democratização, as decisões estratégicas continuam a ser tomadas pelos administradores das organizações públicas e privadas. Assim, o poder dos representantes políticos e dos cidadãos é solapado e, em decorrência, a resistência da sociedade organizada se enfraquece e seu envolvimento no projeto de reconstrução social fica comprometido.

Por outro lado, vale ressaltar que o gerencialismo, que permeia o Estado gerencial, não tem como objetivo responder às necessidades, aos desejos e anseios da maioria dos cidadãos, mas possibilitar que os interesses das pessoas pertencentes às organizações, e intermediados pelas transações dos gerentes, sejam atendidos. Este ideário também tende a posicionar o governo apenas como mais uma parte do processo gerencial, cujos limites não costumam ser morais, mas contratuais. Por outro lado, a lógica gerencialista vem desafiando a democracia já que reduz a importância dos eleitores nas escolhas sociais e favorece a inserção de organizações empresariais nas campanhas políticas, apoiando partidos e candidatos.[201]

Em síntese, o Estado gerencial enfatiza a boa administração, mas não se direciona para a superação de contradições e conflitos sociais, resultando em um Estado distanciado dos problemas políticos que é reforçado pela nova administração pública, pois esta não se volta para a evolução dos sistemas administrativos e deixa de enfrentar adequadamente a complexidade e os desafios da dinâmica política.

---

[200] Conceito tratado por Clarke e Newman, 1997, e Gottfried, 1999.
[201] Enteman, 1993.

## A crise da nova administração pública

Os defensores da nova administração pública admitem as limitações apontadas, mas afirmam que a adoção desse modelo de gestão na esfera governamental se justifica, pois melhora os processos e práticas administrativas. Quando questionados sobre a problemática da dimensão sociopolítica da gestão, eles também tentam demonstrar que a nova administração pública estaria evoluindo para uma orientação mais política.

É o caso dos defensores da orientação para o serviço público, Ferlie, Asburner, Fitzgerald e Pettigrew (1999), que reconhecem que a nova administração pública se aproxima da lógica do mercado e por vezes absorve de forma indiscriminada as ideias geradas no setor privado. No entanto, afirmam que esse modelo já provou sua eficiência, uma vez que inseriu inovações técnicas e rompeu com os antigos padrões de administração pública. Também tentam sugerir que a nova administração pública é um modelo de gestão em evolução, pois estaria se deslocando de uma orientação técnica para uma orientação mais política.

Para sustentar o argumento, criam uma tipologia composta por quatro modelos — "impulso para a eficiência", "*downsizing* e descentralização", "em busca da excelência" e "orientação para o serviço público" — que seriam guiados, respectivamente, pelo neotaylorismo, a flexibilização, a escola das relações humanas e o serviço público. Caracterizamos a seguir cada um deles:

1. "impulso para a eficiência" — teria vigorado até a metade da década de 1980, baseando-se nas noções neotayloristas de administração e transferindo características do setor privado para o setor público, sem considerar as especificidades do último. Também teria incentivado as grandes reformas institucionais como a desregulamentação dos mercados e um forte controle de gastos e de desempenho;
2. "*downsizing* e descentralização" — também teria se desenvolvido nos anos 1980, mas orientado pelo movimento da flexibilização organizacional que teria sofisticado as reformas quando introduziu a mentalidade dos "paramercados", a gestão por contratos, a prestação flexível de serviços e outras inovações gerenciais;
3. "em busca da excelência" — seria contemporâneo aos outros dois modelos, mas estaria diretamente relacionado ao movimento pela excelência. Entre suas características estaria a rejeição da abordagem "impulso para a eficiência" e o alinhamento com o ideário da escola de relações humanas, enfatizando a mudança cultural, a administração participativa e o desenvolvimento organizacional;
4. "orientação para o serviço público" — abordagem diferenciada por sua oposição ao modo burocrático de gestão e também por focalizar mais a cidadania do que o

consumo de serviços públicos. Estaria se movendo para a dimensão política da gestão já que enfatiza questões como transparência, participação, equidade e justiça.

Em suas análises, Ferlie, Asburner, Fitzgerald e Pettigrew dirigem críticas principalmente ao modelo "impulso para a eficiência", que é identificado como expressão da reforma britânica. Afirmam que o neotaylorismo e o produtivismo desse modelo ignorou as inovações trazidas pelo gerencialismo, além de colocar em segundo plano valores como justiça social, representação e participação. Para Ferlie, Asburner, Fitzgerald e Pettigrew, o movimento "reinventando o governo" deslocou a nova administração pública do modelo "impulso para a eficiência" para uma fusão entre os modelos "*downsizing* e descentralização" e "em busca da excelência". Concluindo sua argumentação, os autores apontam a "orientação para o serviço público" como a abordagem gerencial com maior potencial de desenvolvimento.

Avaliando a tipologia, constatamos que os modelos 2 e 3 na realidade são apenas variações do modelo 1, que teria evoluído para abranger as novas manifestações gerenciais e as ideias do movimento "reinventando o governo". É verdade que a nova administração pública britânica partiu do neotaylorismo, mas ela também recebeu influências dos movimentos pela excelência e "reinventando o governo", que a fizeram evoluir na medida em que introduziram a ênfase na descentralização, na busca da qualidade e na focalização no cliente.[202]

Por outro lado, também constatamos que Ferlie, Asburner, Fitzgerald e Pettigrew tentam fazer da "orientação para o serviço público" um modelo ideal, pois acreditam que é uma evolução da nova administração pública, pois se distancia do gerencialismo puro e do modelo burocrático de organização, caminhando para uma abordagem mais política. Os autores tentam demonstrar que a "orientação para o serviço público" estaria rompendo com a "orientação impulso para a eficiência" quando na verdade esta engloba inovações gerenciais e conserva os princípios da reforma britânica.

Examinando a literatura que analisa a orientação,[203] verificamos que a mesma não realiza uma ruptura com o gerencialismo, pois continua aceitando suas ideias e práticas e, inclusive, as considera essenciais para o sucesso. Além disso, a providência que vem sendo tomada quanto à dimensão sociopolítica da gestão é a adesão à governança, que ainda não conseguiu solucionar os problemas colocados pela complexidade de jogo político. A questão que se coloca então é se lógica gerencialista

---

[202] Clarke e Newman, 1997.
[203] Pollit, 1990; Abrucio, 1997.

favorece ou não o desenvolvimento e a evolução da dimensão sociopolítica da gestão, aprimorando a governança.

Em linhas gerais, as análises e as críticas realizadas até então nos permitem afirmar que a nova administração pública nasceu como uma expressão administrativa do ideário de livre-mercado e foi reelaborada pelo movimento "reinventando o governo", pela política de terceira via e pelo ideário da governança progressista. Ao longo de nossas análises, verificamos que, apesar do discurso participativo, a nova administração pública não se moveu para a dimensão sociopolítica da gestão, pois partilha do esquematismo gerencialista, que dificulta o tratamento da interação dos aspectos técnicos e políticos.

Por ser demasiado rígido para capacitar o Estado na expansão dos meios de interlocução, negociação e participação social, esse modelo de gestão não se mostrou apto para concretizar a governança em sua acepção mais aprimorada e lidar com a complexidade da vida política. Além disso, a nova administração pública também absorveu a reelaboração que o gerencialismo realizou do discurso que recomenda as prescrições, a eficiência e a centralização da autoridade ao englobar o ideário do movimento "reinventando o governo". Conservando a primazia das dimensões econômico-financeira e institucional-administrativa, a nova administração pública coloca em jogo seu grau de inovação e de comprometimento com a participação cidadã.

Por outro lado, constatamos que a nova administração pública se tornou hegemônica devido ao seu *status* de eficiência, que se funda na absorção do modelo organizacional e das formas de gestão apregoados pelo gerencialismo. No entanto, a eficiência da administração do setor privado está cercada de limites e sua adequabilidade para o setor público é questionável. Ao imitar a administração do setor privado, a nova administração pública posterga a elaboração de ideias, modelos e práticas gerenciais que atendam às especificidades do setor público.

Em síntese, do mesmo modo que neoliberalismo e a terceira via falharam no que se refere ao desenvolvimento econômico, a nova administração pública também vem sendo interrogada quanto à sua eficiência administrativa. Além disso, suas características organizacionais e estruturais colocam à prova sua potencialidade de abranger a dimensão sociopolítica da gestão e ampliar a democratização do Estado. Esse modelo de administração do setor público começou a mostrar sinais de esgotamento e crise no final dos anos 1990.

# Parte II

# Em busca de uma gestão pública democrática: o caso brasileiro

# 5

# Antecedentes da reforma dos anos 1990 no Brasil

Neste capítulo, avaliamos os antecedentes da nova administração pública, preparando o terreno para a apresentação e a análise das duas visões de reforma do Estado e gestão pública que se desenvolveram nos anos 1990 no Brasil. Na literatura, identificamos alguns elementos que influenciaram o recente processo de reforma: 1) a questão das características patrimoniais e autoritárias do Estado e da administração pública no Brasil; 2) a crise do nacional-desenvolvimentismo e a ascensão do desenvolvimento dependente e associado; 3) a visão dos organismos financeiros internacionais e o Consenso de Washington.

Relacionamos e analisamos os elementos para compor o cenário no qual se desenvolveu a reforma dos anos 1990. Não pretendemos esgotar cada um deles, mas utilizá-los como ferramenta analítica para compreender a inserção da nova administração pública no contexto brasileiro. Finalizando o capítulo, destacamos que, embora a reforma orientada para o mercado e a nova administração pública tenham se tornado modelos hegemônicos no país, não há uma visão unívoca sobre a reforma do Estado, pois paralelamente também se formulava uma outra proposta de reforma e gestão. Apresentamos então as características gerais das vertentes de administração pública que se consolidaram no Brasil — a vertente gerencial e a vertente societal.

**Patrimonialismo, autoritarismo e tecnocracia**

No período colonial, o Estado brasileiro se caracterizava como uma unidade política centralizada na figura do rei e de seus conselheiros. O aparelho administrativo não seguia normas gerais, hierarquias e definições de competências, pois a legislação da colônia era constituída por determinações particulares e casuístas, que não obedeciam a um plano conjunto. Consequentemente, persistia uma confusão de atribuições e poderes nos órgãos da administração geral e civil.[204] Por outro lado, as esferas locais tinham pouca autonomia e o papel construtivo da administração ficava em segundo plano, já que o poder central focalizava primordialmente a arrecadação de tributos. No Brasil colônia, a rede fiscal se confundia com a apropriação de rendas, monopólios e concessões. Além disso, os cargos públicos não eram profissionalizados: as posições pertenciam aos nobres ou eram adquiridas pela burguesia enriquecida.[205]

As esferas política e econômica se confundiam, transformando a busca do poder político na posse de um "patrimônio" de grande valor ou no controle direto de uma fonte substancial de riqueza. Estabeleceu-se então um sistema patrimonialista[206] que converteu as posições governamentais em uma forma de mobilidade social e ocupacional, tornando a organização governamental muito mais um bem a ser explorado do que uma estrutura funcional a serviço do interesse público.

No Brasil, devido à tradição patrimonialista, os empregos e benefícios que se auferem do Estado costumam estar ligados aos interesses pessoais e não aos interesses públicos. Esse personalismo do funcionalismo público brasileiro relaciona-se com a ética de fundo emotivo que permeia a nossa cultura: o "homem cordial"[207] é avesso à impessoalidade e ao formalismo e, consequentemente, à burocracia. Por outro lado, a herança colonial contribuiu para que a centralização do poder na cúpula e o autoritarismo do poder público se tornassem traços distintivos da administração pública brasileira, que persistiram durante a República Velha (1889-1929) e a era Vargas (1930-1945).[208]

Essas características não impediram as primeiras tentativas de profissionalização do serviço público, que têm sua origem no governo de Vargas.[209] Em 1933 foi criado o Departamento de Administração do Serviço Público (Dasp), que se transformou no símbolo da busca de um Estado moderno e de uma burocracia pública profissionalizada. Do ponto de vista prático, o departamento foi responsável pela organização do Estado quanto ao planejamento, orçamento e administração de pessoal. Entre 1945 e o golpe de 1964, ocorreram várias tentativas de se retomar a reforma com o mesmo ímpeto inicial, fortalecendo o sistema de mérito, a profissionalização dos burocratas e a organização do Estado.

---

[204] Prado Jr., 1994.
[205] Faoro, 1995.
[206] Schwartzman, 1982.
[207] Holanda, 1996.
[208] Faoro, 1995; Lafer, 1975.
[209] Wahrlich, 1984; Martins, 1995; Diniz, 1997 e 2000; Spink, 1998; Keinert, 2000.

A República Populista deste período se caracteriza por uma coexistência entre traços da cultura política patrimonial e bolsões de eficiência administrativa. Assim, a reforma do Estado foi limitada pelas forças políticas que sustentavam o governo e o impeliam a acomodar o sistema de mérito e o emprego público como favor político. Já a reforma realizada durante o regime militar (1964-85) foi mais efetiva, pois sua coligação de forças não teve que levar em conta as mesmas exigências de conciliação política do período anterior. Desta forma, foi possível melhorar a máquina administrativa através de técnicas de racionalização do Estado e de métodos de profissionalização dos administradores.[210]

O impacto foi relativamente positivo em relação ao aumento da eficiência, mas o processo também contribuiu para a consolidação de uma tecnocracia estatal que monopolizou o Estado e excluiu a sociedade civil dos processos decisórios. Essa tecnocracia se caracteriza por um patrimonialismo moderno, no qual os burocratas se apropriam da essência do Estado. Seria na realidade um neopatrimonialismo, que não representa apenas uma forma de sobrevivência do tradicionalismo na nossa sociedade, mas uma forma de dominação política pelos burocratas.[211]

A combinação entre a dominação patrimonial tradicional e a dominação burocrática deu origem a um patrimonialismo burocrático, onde as posições de poder são predominantemente ocupadas por grupos funcionais e especializados que controlam a economia através do saber técnico. Mas, uma vez que no contexto do regime autoritário o sistema político de participação era débil, dependente e controlado hierarquicamente de cima para baixo, emergiu também um patrimonialismo político: os tecnocratas se utilizavam de meios para comprar e incorporar os esforços de participação política, estabelecendo vínculos com as lideranças políticas emergentes e cooptando-as por meio da concessão de cargos públicos.[212]

Em síntese, a história da administração pública brasileira foi marcada pelo autoritarismo e por três tipos de patrimonialismo: o tradicional, o burocrático e o político. Vale ressaltar que os dois últimos moldaram a tecnocracia brasileira do regime militar, que sofisticou o uso patrimonial dos cargos públicos e reforçou o caráter centralizador do Estado.

## A emergência do desenvolvimento dependente e associado

A administração pública brasileira também sofreu influências das ideologias desenvolvimentistas que permeavam o país entre 1945 e 1964. Durante esse período, o

---
[210] Lafer, 1975.
[211] Schwartzman, 1982.
[212] Ibid.

pensamento econômico e político brasileiro se organizou em torno de cinco vertentes, cujos adeptos são assim descritos:[213]

- liberais não desenvolvimentistas e não industrialistas, representados por Eugênio Gudin e Octávio Bulhões e também integrantes da Fundação Getulio Vargas (FGV), do Conselho Nacional de Economia (CNE) e da Associação Comercial do Estado de São Paulo;
- liberais desenvolvimentistas não nacionalistas, representados por intelectuais como Roberto Campos, Lucas Lopes, Glycon de Paiva e vinculados à burocracia pública;
- desenvolvimentistas privatistas, herdeiros de Roberto Simonsen, como João Paulo de Magalhães, Nuno Figueiredo e Hélio Jaguaribe, além de pessoas que circulavam no Conselho Nacional da Indústria (CNI) e na Federação de Indústrias de São Paulo (Fiesp);
- desenvolvimentistas nacionalistas, representados por intelectuais como Celso Furtado, Ignácio Rangel, Rômulo de Almeida, Evaldo de C. Lima, Guerreiro Ramos e Vieira Pinto e por alguns membros do BNDE e por instituições como o Instituto Superior de Estudos Brasileiros (Iseb) e a Comissão Econômica para a América Latina (Cepal);
- socialistas, representados por Nelson Werneck Sodré, Caio Prado Jr., Alberto Passos Guimarães e membros do Partido Comunista Brasileiro (PCB).

A existência de três vertentes desenvolvimentistas evidencia o poder de penetração da abordagem no âmbito latino-americano. A consolidação do desenvolvimentismo como referencial para as economias desses países está diretamente relacionada com a teoria do subdesenvolvimento de Raul Prebisch e a disseminação das teses da Cepal.[214] De acordo com Prebisch (1949), a divisão internacional do trabalho reforçou as desigualdades econômicas quando concentrou a produção industrial nos países centrais e delegou aos países periféricos a produção de gêneros agrícolas e de outros insumos primários para exportação. Partindo da teoria de Prebish, a Cepal passou a recomendar uma política de desenvolvimento industrial e substituição de importações, que deveria ser implementada pelo Estado em conjunto com a burguesia industrial nacional.

Essa política foi seguida na América Latina nos anos 1950, mas alguns anos mais tarde a região foi tomada por uma crise econômica e um pessimismo em relação

---

[213] Bielschowsky, 1988; Toledo, 1999.
[214] Fiori, 1995a; Goldenstein, 1994.

às suas possibilidades de crescimento e desenvolvimento no futuro. Com esse panorama, Celso Furtado elaborou algumas das teses estagnacionistas que foram absorvidas pela Cepal. Para ele,[215] o processo de substituição de importações não possibilitava um desenvolvimento autônomo e crescente, porque nas economias periféricas há um excedente estrutural de mão de obra que torna os salários mais baixos. Assim, o desenvolvimento industrial gera uma sofisticação e diversificação da produção que o mercado consumidor não é capaz de absorver. Na visão de Furtado, uma vez que os custos unitários de produção aumentam e os ganhos de produtividade não são transferidos para os consumidores via queda de preços, as taxas de crescimento econômico tendem a estagnar.

As primeiras críticas ao estagnacionismo foram realizadas por Maria da Conceição Tavares e José Serra em artigo publicado em 1969. Segundo Tavares e Serra, a crise dos anos 1960 é fruto do esgotamento da substituição de importações, mas não significa necessariamente uma estagnação, pois um novo modelo de desenvolvimento, baseado em novas formas de dependência tecnológica e financeira, estaria em curso. Em *Dependência e desenvolvimento na América Latina*, Fernando Henrique Cardoso e Enzo Faletto (1970) seguem o mesmo raciocínio. Para os autores, os investimentos industriais estrangeiros estabelecem uma relação entre a economia brasileira e os centros dinâmicos das economias centrais, o que internacionaliza o mercado interno e gera desenvolvimento econômico, ainda que parcial e dependente.[216]

No livro, Cardoso e Faletto examinam a estratégia de desenvolvimento emergente, apontando quais seriam suas características e bases de sustentação. Em suas análises, identificam o esquema político que alicerça a nova estratégia: a articulação entre economia do setor público, as empresas monopolistas internacionais e o setor capitalista moderno nacional. Segundo Cardoso e Faletto, as indústrias nacionais surgidas no período de substituição de importações dariam lugar a um setor industrial modernizado. Consolidar-se-ia, assim, um modelo econômico guiado pelas empresas monopolistas internacionalizadas e pelo setor financeiro internacional vinculado ao mercado interno, que passaria a exercer uma grande influência sobre as decisões nacionais.

Para Cardoso e Faletto (1970), o novo estágio de desenvolvimento se realizaria com a intensificação da exclusão social, não apenas das massas, mas também das camadas sociais significativas da etapa anterior. Os autores reconhecem que a redistribuição de renda seria mais equitativa se o Estado conseguisse alcançar algum grau

---

[215] Furtado, 1974.
[216] Fiori, 1995a; Goldestein, 1994.

de controle sobre os setores monopolistas modernos. No entanto, a intervenção estatal deveria adquirir outra natureza, pois o Estado teria que abandonar sua posição populista para se tornar "empresarial". Nas palavras dos autores:

> Mas não deixa de ser significativo que, mesmo nesse caso, aqueles que controlam o setor estatal da economia atuem mais em termos de "empresários públicos", do que de acordo com uma política tipo populista, que estimula a redistribuição da renda pelos aumentos contínuos de salários. Em outros termos, o Estado deixa de ser um Estado--populista, para transformar-se em um Estado-empresarial.

Cardoso e Faletto preveem uma oposição à reorganização do Estado por parte dos setores sociais (operários e assalariados urbanos) sujeitos aos efeitos negativos dessa nova etapa de acumulação capitalista. Também fariam parte da oposição os grupos comprometidos com o período populista-desenvolvimentista, além de setores nacionalistas e grupos privados não alinhados com o setor monopolista estrangeiro. Assim, para os autores, a transição para a nova estratégia de desenvolvimento seria tensionada por dois grupos: a grande corporação industrial-financeira internacionalizada, que busca um desenvolvimento racional e moderno; e os grupos de oposição supracitados, que insistem na exclusão promovida pelo desenvolvimento capitalista em países dependentes e enfatizam o caráter nacional dos problemas socioeconômicos a serem resolvidos.

De acordo com Cardoso e Faletto, essa transição seria mais complexa em países como a Argentina e o Brasil, devido à necessidade de uma ampla reorganização do Estado para a regulamentação da vida econômica. No entanto, a centralização da gestão facilitaria o processo e, conforme eles prognosticaram, o regime autoritário consolidou a aliança entre o Estado e o setor industrial-financeiro estrangeiro nos países latino-americanos. Além disso, contribuiu para a emergência do Estado burocrático-autoritário, cujas características são elencadas alguns anos mais tarde por O'Donnell (1979):

- a organização da dominação exercida pela burguesia oligopolizada e transnacionalizada;
- a promoção da transnacionalização da estrutura produtiva e a desnacionalização da sociedade;
- a focalização em organizações nas quais os especialistas desativam politicamente o setor popular e normalizam a economia;
- a realização de um esforço para excluir e controlar a participação ativa popular na arena política nacional, inclusive destruindo e capturando recursos que financiam essa ativação;

❏ a manutenção da exclusão econômica e das desigualdades na distribuição de recursos;
❏ a despolitização das questões sociais, tratando-as em termos de critérios supostamente neutros e objetivos de racionalidade técnica.

No esforço analítico de O'Donnell, sobressai o caráter autoritário do Estado: o autor descreve o Estado como um articulador do modelo de desenvolvimento vigente, um fiador das demandas da burguesia transnacional, além de um repressor das tentativas populares de participação política. Tais características estão imbricadas com a estratégia de desenvolvimento apontada por Cardoso e Falleto, mas a transição para esse novo modelo de desenvolvimento não se completou durante o regime autoritário. Na América Latina e no Brasil, o projeto nacional-desenvolvimentista continuou sendo uma referência mesmo após a abertura, pois até os anos 1990 ainda era debatido e criticado.

Durante os anos do regime, o Estado continuou como principal promotor do desenvolvimento, mas após a euforia do "milagre econômico" recrudesceu o questionamento da eficiência do planejamento estatal e da atuação da burocracia pública. Com o crescente endividamento externo dos países latino-americanos e a recessão econômica dos anos 1980, a questão da reforma do Estado foi novamente trazida para a agenda política.

Schwartzman então antecipava a polarização de posições que circundaria a abertura política e o processo de reforma do Estado:[217] de um lado, estaria o Estado patrimonial, irracional, autoritário e as necessidades de planejamento governamental e intervenção do Estado na vida econômica e social do país; de outro lado, os setores da sociedade que se dizem autônomos, descentralizadores e representantes do racionalismo privado dos grupos sociais mais organizados e as ideologias liberais de não intervencionismo e privatismo. Em síntese, haveria uma oposição entre os intervencionistas e os liberais, mas na visão do autor, para construir um novo Estado, o país precisaria superar os extremos, realizando duas transições fundamentais:

❏ superar o patrimonialismo, a ineficiência, o burocratismo e o autoritarismo estatal em benefício de um Estado mais moderno, democrático e consciente de suas responsabilidades perante a sociedade;
❏ superar o liberalismo esclerosado que confunde liberdade com privatismo e criar condições para a implantação de um sistema político mais diversificado do ponto de vista da representação e participação.

---
[217] Schwartzman, 1982.

De fato, essa tensão permeou os anos subsequentes, pois a polarização entre a intervenção estatal e o liberalismo é uma das marcas distintivas da dinâmica econômica e política das últimas décadas. Além disso, as experiências de países como o Reino Unido e os Estados Unidos, nos anos 1980, tornaram as reformas orientadas para o mercado e a nova administração pública uma referência para a América Latina.

## O Consenso de Washington

Apoiando a reconstrução e o desenvolvimento econômico dos países emergentes, organismos como o Fundo Monetário Internacional (FMI), o Banco Mundial (Bird) e o Banco Interamericano de Desenvolvimento (BID) desempenharam um papel relevante na adesão dos países latino-americanos aos modelos liberais de reforma e de gestão pública. De um modo geral, a nova dinâmica das relações econômicas e financeiras internacionais redefiniu as estratégias de desenvolvimento, impactando as políticas e prioridades desses organismos, que passaram a estabelecer novas condições para manter os empréstimos e refinanciar as dívidas na América Latina.[218]

As mudanças são visíveis nos relatórios sobre o desenvolvimento mundial formulados pelo Bird a partir de 1989. Examinando os documentos constatamos: recomendações para a reforma do Estado que seguem a lógica da orientação para o mercado e da terceira via; a defesa de uma estratégia de desenvolvimento que é congruente com o desenvolvimento dependente e associado; e a ênfase em modelo de gestão baseado nas características da nova administração pública.

O relatório de 1989[219] analisa a crise econômica dos países em desenvolvimento e os ajustes estruturais realizados em alguns deles nos anos 1980, recomendando sistemas financeiros mais abertos e liberais. No mesmo ano, o Bird divulgou seu programa de pesquisa na primeira Conferência para o Desenvolvimento Econômico,[220] revelando interesse em investigações voltadas para as reformas orientadas para o mercado, para o aprimoramento da gestão pública e para o aumento da eficiência administrativa.

Esses dois documentos sinalizam as políticas e prioridades que se consolidariam durante os anos 1990 no contexto do Bird e também indicam seu alinhamento com a nova visão sobre o desenvolvimento econômico. O ano de 1989 também foi marcado

---

[218] Lichtensztejn e Baer, 1987; Gonzalez et al., 1990.
[219] Banco Mundial, 1989.
[220] Fischer e Tray, 1989.

pela reunião realizada em Washington, com representantes do governo estadunidense, altos funcionários dos organismos financeiros internacionais e economistas de diversos países. Avaliando as reformas econômicas realizadas em países como Chile e México, os participantes chegam a um "consenso" quanto à eficiência das reformas orientadas para o mercado. Assim, se estabeleceu um novo saber coletivo em relação à política econômica adequada para os países emergentes: o consenso social-democrata do pós-guerra e o desenvolvimentismo cediam espaço para o Consenso de Washington.

A origem desse consenso está nas críticas acadêmicas das políticas de substituição de importações, que foram realizadas nas décadas de 1960 e 1970 e também no argumento de que a abertura econômica levaria a taxas de crescimento superiores, crença que depois viria a ser questionada. Outros fatores que também contribuíram para alimentar esse consenso: a crise econômica dos países de industrialização recente e o colapso das economias de planificação centralizada.[221]

Já as recomendações do consenso têm sua origem nas reformas realizadas a partir dos anos 1980: as experiências do Reino Unido e de outros países que seguiram a orientação para o mercado geraram um conjunto de medidas para a implementação das reformas. Na reunião realizada em Washington, o economista John Williamson fez uma síntese delas, apresentando um receituário de 10 medidas:[222] o ajuste estrutural do déficit público, a redução do tamanho do Estado, a privatização das estatais, a abertura ao comércio internacional, o fim das restrições ao capital externo, a abertura financeira às instituições internacionais, a desregulamentação da economia, a reestruturação do sistema previdenciário, o investimento em infraestrutura básica e a fiscalização dos gastos públicos.

O relatório de 1991[223] focaliza a questão do desenvolvimento, revelando o abandono das antigas abordagens de desenvolvimento e a adesão do Bird a uma nova perspectiva. O documento revela uma simetria entre essa perspectiva e as proposições do Consenso de Washington e do desenvolvimento dependente e associado já examinados. O relatório evidencia uma correlação entre essa estratégia de desenvolvimento, as reformas orientadas para o mercado e a nova administração pública.

No relatório de 1994[224] são apresentadas algumas recomendações para a implementação dessas reformas. Destacam-se a administração das empresas públicas através de bases comerciais, a utilização dos mercados na provisão da infraestrutura e o

---

[221] Krugman, 1996.
[222] Batista, 1995.
[223] Banco Mundial, 1991.
[224] Id., 1994.

envolvimento da comunidade na prestação de serviços públicos. O Bird também expõe análises setoriais, sugerindo, em cada situação, o grau de eficiência da opção pela propriedade e provisão pública ou privada.

O relatório de 1997[225] comprova a hegemonia da nova administração pública no contexto do Bird. O documento frisa que para além do básico (base jurídica, estabilização macroeconômica, serviços sociais básicos e infraestrutura, proteção aos grupos vulneráveis, proteção ao meio ambiente), não é preciso que o Estado seja o único provedor: para aumentar a eficiência administrativa é necessário sujeitá-lo à concorrência na área de contratação, promoção, formulação de políticas e prestação de serviços. Além disso, enfatiza a importância das "mudanças drásticas" no modo de pensar e agir dos órgãos do governo, relacionando *good governance* e desenvolvimento.

Em síntese, recomendadas pelo Consenso de Washington e pelos organismos internacionais, as reformas orientadas para o mercado se transformaram em um parâmetro para a América Latina. Assim, a nova administração pública também emerge como uma referência para os organismos internacionais e para determinados segmentos acadêmicos: transformou-se em uma orientação de pesquisa do Bird e foi adotada como modelo de gestão pelo Centro Latinoamericano de Administrácion para el Desarrollo.[226]

## Anos 1990: a vertente gerencial e a vertente alternativa

A questão da reforma do Estado é um debate antigo na agenda de estudos de administração pública e ciência política, contando com uma extensa produção acadêmica. Como a nova administração pública está diretamente relacionada à reforma dos anos 1990, recorremos principalmente aos trabalhos mais recentes, pois eles realizam um balanço da história da reforma do Estado no Brasil, analisando êxitos e fracassos das experiências.

Os autores estudados[227] destacam os dois períodos que abordamos anteriormente: a reforma da era Vargas (1930-1945) e a reforma do regime militar (1964-85). Analisando os textos, constatamos que essas experiências de reforma enfatizaram questões administrativas como o redesenho organizacional do aparelho do Estado, a reestruturação das carreiras no setor público, a profissionalização dos servidores, o desenvolvimento de técnicas adequadas de planejamento e a gestão orçamentária e estratégica.

---

[225] Banco Mundial, 1997.
[226] Clad, 1998.
[227] Wahrlich, 1984; Martins, 1995; Diniz, 1997 e 2000; Spink, 1998; Keinert, 2000.

Até o final da década de 1970 prevaleceu o "paradigma do público como estatal": o Estado se consolidou como o grande sujeito das questões públicas e estabeleceu sua gestão como uma responsabilidade exclusiva da burocracia estatal. Nesse contexto, o estilo burocrático, bem como a ênfase nos meios e técnicas administrativas parametrizaram a reforma e a gestão pública.[228]

Na história das reformas brasileiras, as dimensões econômico-financeira e institucional-administrativa sobrepujaram a dimensão sociopolítica. Dessa forma, não foi possível conciliar os dois aspectos que circundam o exercício da cidadania: a inclusão socioeconômica, que abrange direitos constitucionais como trabalho, educação e saúde e a inclusão sociopolítica, que se refere à participação dos cidadãos nas decisões de natureza pública que afetam a vida social no presente e no futuro.

A reforma dos anos 1990 se singulariza justamente pela inclusão dessa dimensão no seu debate, mas a forma como os atores políticos abordam tal dimensão não é unívoca. Analisando o processo de reforma é possível identificar duas vertentes: a gerencial, que se alinha ao movimento internacional de reforma do Estado e utiliza como referenciais as experiências do Reino Unido e dos Estados Unidos; e a societal, que herdou as ideias e propostas dos movimentos contra a ditadura e pela redemocratização no Brasil nas décadas de 1970 e 1980.

As propostas da vertente gerencial foram concebidas e implementadas durante o governo de Fernando Henrique Cardoso (1994-2002), com a participação ativa do ex-ministro da Administração e Reforma do Estado, Luiz Carlos Bresser-Pereira. A vertente se tornou hegemônica quando a aliança social-liberal alcançou o poder e implementou a administração pública gerencial.

A vertente societal se inspira nas experiências alternativas de gestão pública realizadas no âmbito do poder local no Brasil, como os conselhos gestores e o orçamento participativo. Tem suas raízes nas formulações do campo movimentalista dos anos 1970 e 1980[229] e nas políticas públicas implementadas pelos governos das Frentes Populares nos anos 1990. Seu projeto de erigir uma gestão pública social ganhou nova dimensão com a vitória da aliança popular-nacional nas eleições presidenciais de 2002.

Ambas fazem propostas de descentralização, se dizem portadoras de um novo modelo de gestão pública e se opõem ao estilo burocrático de gestão. Também afirmam estar buscando uma ampliação da democracia por meio de uma maior inserção e participação da sociedade organizada na administração pública. Em relação à

---

[228] Keinert, 2000.
[229] Doimo, 1995.

abordagem gerencial, ocorreu um desapontamento em relação aos indicadores de crescimento econômico e progresso social obtidos. Quanto à abordagem societal, a vitória de Luiz Inácio Lula da Silva nas últimas eleições presidenciais gerou uma expectativa de que a mesma se tornasse a marca do governo federal. No entanto, o que se observa é uma continuidade das práticas gerencialistas em todos os campos, inclusive nas políticas sociais.

Para examinar a evolução destas vertentes no que se refere à construção de uma gestão pública democrática, nos próximos três capítulos examinaremos suas características, limites e potencialidades.

# 6

# A nova administração pública no Brasil

Neste capítulo, analisamos a emergência e consolidação da nova administração pública no Brasil. Para tanto, abordamos os antecedentes da vertente gerencial: a aliança social-liberal, a "novíssima dependência" e o consenso pragmático. A partir daí, pretendemos esboçar o contexto histórico e político que favoreceu a hegemonia desse modelo de gestão. Em seguida, apresentamos as características da reforma do Estado dos anos 1990 e também da nova administração pública no Brasil, que ficaram conhecidas como reforma e administração pública gerencial.

## As raízes da nova administração pública brasileira

A crise do nacional-desenvolvimentismo e as críticas ao patrimonialismo e autoritarismo do Estado brasileiro estimularam a emergência de um consenso político de caráter liberal que se baseia na articulação entre a estratégia de desenvolvimento dependente e associado, as estratégias neoliberais de estabilização econômica e as estratégias administrativas dominantes no cenário das reformas orientadas para o mercado.

Esta articulação sustentou a formação da aliança política que levou o Partido da Social-Democracia Brasileira (PSDB) ao poder, viabilizando a reforma dos anos 1990 e a implementação da nova administração pública no Brasil. Para analisar essa aliança, focalizamos as ideias de Luiz Carlos Bresser-Pereira, pois ele foi um participante ativo do consenso político que se estabeleceu em torno de Fernando Henrique Cardoso, além de protagonista das novas medidas de reforma e administração do Estado. Primeiro, examinamos as visões de Bresser-Pereira sobre a crise do Estado e discutimos consolidação da aliança social-liberal. Em seguida, avaliamos a posição da aliança perante a teoria do desenvolvimento dependente e associado, o ajuste estrutural e o neoliberalismo.

## A aliança social-liberal

Luiz Carlos Bresser-Pereira foi o protagonista da implementação da nova administração pública no Brasil. Professor e pesquisador na Escola de Administração de Empresas da Fundação Getulio Vargas desde 1959, Bresser-Pereira vem estudando temas da esfera de confluência da economia e da teoria social. Realizou, entre as décadas de 1970 a 1990, análises sobre a tecnoburocracia, a inflação e o desenvolvimento econômico brasileiro.

Além de atuar na área acadêmica, Bresser-Pereira ocupou a posição de diretor administrativo do Grupo Pão de Açúcar entre 1965 e 1983. A partir daí, iniciou sua carreira na esfera governamental. Entre 1983 e 1985 foi presidente do Banespa e depois secretário do governo de André Franco Montoro. Em 1987, tornou-se ministro dos Negócios da Fazenda do governo Sarney: permaneceu no cargo cerca de oito meses, período no qual tentou combater sem êxito a crise provocada pelo fracasso do Plano Cruzado.

Em 1988, esteve entre os fundadores do PSDB e, em 1994, foi nomeado Ministro da Administração Federal e da Reforma do Estado (Mare) do governo Fernando Henrique Cardoso. Em 1998, quando o Mare foi incorporado ao Ministério do Planejamento, Orçamento e Gestão, tornou-se ministro da Ciência e Tecnologia, posto no qual permaneceu entre janeiro e julho de 1999. Em seguida, reassumiu suas atividades docentes e acadêmicas na FGV em São Paulo e continuou atuando junto ao governo Fernando Henrique Cardoso como assistente do presidente da República para assuntos internacionais relacionados à governança progressista.

Sua produção acadêmica é ampla: entre o final da década de 1960 e o início da década de 1980, Bresser-Pereira publicou livros e artigos onde aborda a crise do nacional-desenvolvimentismo e a tecnoburocracia brasileira. Durante a década de 1980, o autor focalizou questões concernentes à economia brasileira, como a crise fiscal, a dívida externa e a inflação,[230] além de dedicar alguma atenção ao processo de redemocratização.[231]

As análises realizadas nesse período sedimentaram-se nos textos elaborados a partir dos anos 1990, que examinamos mais detalhadamente, uma vez que estabelecem

---
[230] Bresser-Pereira, 1982, 1985, 1986 e 1989.
[231] Id., 1985.

os patamares da reforma do Estado, além de prepararem o terreno para a concepção e a implementação da administração pública gerencial. Nos textos publicados até 1993,[232] ele focaliza principalmente dois pontos: a crise do Estado brasileiro e as direções possíveis para a sua reforma e administração, tentando demonstrar que a crise está relacionada com três componentes que abalaram a legitimidade e a governabilidade do Estado, que são a crise fiscal, a crise do seu modo de intervenção e a crise de sua forma burocrática de administração.

Bresser-Pereira se propõe a estabelecer uma alternativa ao ajuste neoliberal: a abordagem da crise fiscal, que mais tarde denominaria também como abordagem pragmática.[233] O conceito de crise fiscal do Estado, o núcleo da abordagem, significa que o Estado se tornou incapaz de atender às demandas dos diversos setores da economia, principalmente os mais modernos.[234] Segundo o autor, para transcender a crise do Estado:

> não basta (1) estabilizar através da disciplina fiscal e (2) reduzir o papel do Estado, liberalizando e privatizando. É necessário, adicionalmente, (3) superar a crise fiscal, reduzindo ou cancelando a dívida pública e recuperando a capacidade de poupança do Estado, e (4) definir uma nova estratégia de desenvolvimento ou novo padrão de intervenção, no qual o Estado desempenhe um papel menor, mas significativo, promovendo o desenvolvimento tecnológico, protegendo o ambiente e aumentando gastos na área social.[235]

A citação revela que, no seu diagnóstico da crise do Estado, o autor estabelece uma correlação entre a crise fiscal e a crise do seu modo de intervenção, fazendo uma crítica ao projeto nacional-desenvolvimentista e sugerindo uma nova estratégia de desenvolvimento que, supostamente, poderia superar o patrimonialismo, o autoritarismo e o burocratismo que permeiam o Estado brasileiro. De acordo com Bresser-Pereira, a história brasileira pode ser analisada sob o ponto de vista de coalizões políticas ou alianças de classe, apresentando-se em quatro fases distintas:[236]

❏ até 1930 prevaleceu o pacto político oligárquico que sustentou o modelo de desenvolvimento primário-exportador;

---

[232] Bresser-Pereira, 1991, 1992 e 1996a.
[233] Id., 1996a.
[234] Id., 1992.
[235] Ibid.
[236] Id., 1996b.

❑ entre 1930 e 1964 predominou o pacto populista ou nacional-desenvolvimentista, que agregou a burguesia industrial, a classe média burocrática e setores da velha hierarquia em torno da industrialização substituidora de importações;
❑ o regime de 1964 foi representado por um pacto burocrático-capitalista formado pela burguesia, os militares e os servidores públicos;
❑ em 1977 se estabeleceu o pacto democrático-populista, ou seja a burguesia começou a quebrar seus vínculos com o regime militar, aliando-se com a classe média e os trabalhadores.

Segundo Bresser-Pereira, o pacto de 1977 perdurou durante a transição democrática e se desintegrou no início de 1987 com o fracasso do Plano Cruzado. O autor concluiu que o pacto foi bem-sucedido no que se refere ao restabelecimento da democracia no Brasil, mas não conseguiu promover reformas econômicas, estabilizar a moeda, retomar o crescimento e redistribuir renda. Para o autor, após o fracasso do Plano Cruzado, ocorreu um vácuo político, pois apesar de ter se estabelecido uma nova coalizão voltada para o mercado, o presidente eleito em 1989, Fernando Collor de Mello, não conseguiu liderar as alianças que circundavam o processo de abertura econômica e fracassou na tentativa de estabilizar a economia.[237]

Em 1992, Fernando Collor sofreu o *impeachment* e o vice-presidente Itamar Franco assumiu a administração do país, mas também não foi bem-sucedido, pois na visão do ex-ministro lhe faltavam "as qualidades de liderança necessárias para estabilizar a economia e preencher o vácuo político com um novo projeto de desenvolvimento".[238] Para Bresser-Pereira, o ajuste da economia brasileira demandava um estadista que tivesse tais qualidades[239] e que seriam preenchidas por Fernando Henrique Cardoso, que estabilizaria a economia e demonstraria que a retórica nacional-desenvolvimentista não fazia mais sentido. De acordo com Bresser-Pereira,[240] com a eleição de Fernando Henrique Cardoso se consolidou um pacto político de modernização — social-liberal e pragmático — que corresponderia à construção de um Estado social-liberal.

Essa aliança ocupou o poder entre 1994 e 2002, tendo sido formada por membros do PSDB e por opositores das estratégias nacional-desenvolvimentistas pertencentes ao espectro de direita e centro-direita, como membros do Partido da Frente Liberal (PFL), do Partido Trabalhista Brasileiro (PTB) e do Partido do Movimento Democrático

---

[237] Bresser-Pereira, 1996b.
[238] Ibid.
[239] Ib., 1992 e 1996b.
[240] Ib., 1998c.

Brasileiro (PMDB). No decorrer da década de 1990, a aliança social-liberal incorporou as visões da política de terceira via e da governança progressista, assumido a posição de nova esquerda portadora de propostas modernizadoras. Em sua permanência no poder, a aliança respondeu à crise do Estado por meio de duas orientações: o desenvolvimento dependente e associado e as recomendações de estabilização econômica do ajuste neoliberal. No que se refere à crise da forma burocrática de administração, o ex-ministro do Mare encontrou na reforma gerencial e na nova administração pública as alternativas que correspondiam às expectativas da aliança social-liberal.

## A "novíssima dependência"

Em sua atuação política, a aliança social-liberal seguiu a perspectiva da teoria do desenvolvimento dependente e associado, que emergiu no final da década de 1960, mas ganhou uma nova roupagem nas últimas décadas. A correlação entre as visões defendidas por Fernando Henrique Cardoso na década de 1970 e na década de 1990 costuma ser objeto de controvérsias, mas vários estudiosos sugerem a existência de uma continuidade de ideias e práticas entre o analista do desenvolvimento dependente e associado e o presidente responsável pela estabilização da economia e a inserção do país nas novas regras do capitalismo internacional.

Fernando Henrique Cardoso percebeu muito cedo a impossibilidade de atribuir um papel nacional para o empresariado brasileiro e a incapacidade do Estado de abrir novos horizontes de expansão para o capital privado, articulando os interesses dos investidores externos e dos capitais nacionais.[241] Além disso, o discurso de Fernando Henrique Cardoso sobre a globalização revela sua crença de ter antecipado o caráter da economia global em suas análises.[242] Através do ideário da globalização se estabelece um vínculo entre a teoria do desenvolvimento dependente e associado e as visões de Fernando Henrique Cardoso nos anos 1990, inaugurando uma "novíssima dependência".[243]

Vale ressaltar que ao compor a coalizão social-liberal, Fernando Henrique Cardoso não abandonou suas visões acadêmicas, pois, tanto na década de 1970, quanto na década de 1990, afirmava que o Brasil só tinha espaço para crescimento associado, que passava por uma internacionalização dos mercados.[244] Para alguns

---

[241] Fiori, 1995b.
[242] Cruz, 1998.
[243] Fiori, 1995b.
[244] Ibid.

acadêmicos, Fernando Henrique Cardoso na realidade apenas levou às últimas consequências suas descobertas como cientista social.[245]

O próprio Fernando Henrique Cardoso aceita essas interpretações, nos fornecendo mais um elemento para confirmar a hipótese de uma linha de continuidade entre o pensamento e as ações do dependentista da década de 1970 e do político dos anos 1990:

> Como escreveu um dos meus críticos mais lúcidos, José Luiz Fiori, eu não abri mão de análise sociológica alguma. Assim como há 30 anos mostrei (o que na época era obscuro) que a "burguesia nacional" — ou melhor, a ideologia a ela imputada pela esquerda — não tinha a menor condição de propor um projeto hegemônico para o Brasil por causa do que chamei de "internacionalização do mercado interno", continuo crendo que a globalização da economia — queiram ou não os críticos — existe em consequência de uma nova forma (até tecnológica) de produzir.[246]

A obra de Fernando Henrique Cardoso não se caracteriza pela incoerência, mas pelo desenvolvimento de ideias sociológicas e políticas. Por partilhar de uma visão pragmática sobre a América Latina, Fernando Henrique Cardoso discorda que a consolidação da democracia dependa de um rompimento da situação de dependência ou de alterações nas estruturas de propriedade e defende uma conciliação entre o capitalismo dependente e os regimes liberais e democráticos.[247]

A adesão à novíssima dependência também se confirma na análise dos discursos de Fernando Henrique como candidato à presidência e está implícita no seu apoio ao projeto de reforma do Mare. Na proposta de governo — "Mãos à obra Brasil" — o posicionamento de Fernando Henrique Cardoso sinaliza uma retomada de suas antigas teses do desenvolvimento associado e da internacionalização dos mercados internos. Além disso, no seu plano de governo, Fernando Henrique Cardoso apresenta diagnósticos e soluções muito semelhantes às anunciadas por Bresser-Pereira na interpretação da crise do Estado e na proposição da abordagem pragmática, que discutiremos mais adiante. Pouco tempo antes, o próprio Bresser-Pereira explicitou uma continuidade entre a abordagem pragmática e a abordagem da dependência: "a abordagem pragmática tem como antecessora a abordagem da dependência que foi dominante no final dos anos 1960 e ao longo da década de 70".[248]

---

[245] Singer, 1998.
[246] Cardoso, 1994.
[247] Santos, 2000.
[248] Bresser-Pereira, 1996a.

Assim, ao fazer a crítica do projeto de desenvolvimento nacional-desenvolvimentista, a aliança social-liberal tem em vista um projeto baseado nas visões do desenvolvimento dependente e associado, que pretende fazer com que o país se desenvolva principalmente pela abertura de mercado e pela atração de investimentos externos. Dessa forma, a novíssima dependência se articula com o discurso da globalização, com as propostas do Consenso de Washington e com as tendências da terceira via.

## O consenso pragmático

Os adeptos da aliança social-liberal costumam negar o alinhamento entre a novíssima dependência e o projeto neoliberal, mas incorrem em uma série de ambiguidades. No pensamento de Bresser-Pereira, isso se revela na sua defesa da abordagem da crise fiscal e na tentativa de convertê-la em uma esquerda moderna.

## A abordagem da crise fiscal

Quando apresenta a abordagem da crise fiscal, também conhecida como abordagem pragmática, Bresser-Pereira não descarta as recomendações da abordagem do Consenso deWashington: "a abordagem da crise fiscal concorda basicamente com as propostas do consenso de Washington",[249] "a abordagem pragmática apoia as reformas liberalizantes e as que visam a redução do Estado, tal como representadas na postura neoliberal".[250]

Na sua visão, o Consenso de Washington não errou no que se refere às propostas, mas sim quanto ao diagnóstico da crise do Estado. Na perspectiva da abordagem de Washington, a crise do Estado latino-americano está relacionada[251] tanto ao crescimento desordenado do Estado na região, que seria resultado do protecionismo do modelo de substituição de importações, do excesso de regulação e do número excessivo de empresas estatais, quanto ao populismo econômico latino-americano, que se define pela incapacidade de controle do déficit público e das demandas salariais, tanto no setor privado quanto no público.

Bresser-Pereira discorda deste diagnóstico no que se refere ao populismo, pois afirma que este não impediu o desenvolvimento na região. Apresenta como

---
[249] Bresser-Pereira, 1992.
[250] Id., 1996a:36.
[251] Id., 1992 e 1996a e b.

alternativa a abordagem da crise fiscal que, ao nosso ver, tenta renovar o reformismo social-democrata, mas não consegue ser convincente quanto ao seu diferencial em relação ao neoliberalismo.[252] Vale também questionar qual seria a utilidade de um novo diagnóstico quando se parte do princípio de que as soluções continuarão sendo as mesmas, salvo pequenas adaptações ao contexto. Além disso, é importante perceber que o cerne da abordagem — a crise fiscal — foi um conceito elaborado no âmbito das interpretações neoconservadoras da crise do Estado.

## A "esquerda moderna"

Esta aceitação das recomendações do Consenso de Washington no campo econômico também fez com que a aliança social-liberal se movesse para a esfera da política de terceira via para tentar se diferenciar do projeto neoliberal. Assim, durante toda a década de 1990, Bresser-Pereira responde aos críticos que apontam o caráter neoliberal de suas ideias[253] e, em seguida, alinha-se ao ideário da terceira via[254] do mesmo modo que Fernando Henrique Cardoso e outros membros do PSDB.

No início da década de 1990, suas negações da adesão ao neoliberalismo se baseavam principalmente na contraposição entre três posicionamentos políticos: a direita ideológica, a esquerda arcaica e a esquerda moderna.[255] Na visão do autor, a direita ideológica se caracteriza pelo monetarismo e pela condenação da intervenção statal, baseando-se nas posições conservadoras de Friedman e de outros neoliberais. A esquerda arcaica continua a pensar em termos das ideias nacionalistas e estatizantes dos anos 1950, sendo defensora da intervenção estatal e da esgotada estratégia nacional-desenvolvimentista. Já a esquerda moderna rejeita o neoliberalismo defensor do Estado mínimo, mas seria um contraponto à esquerda arcaica já que também rejeita o populismo, o nacionalismo e a estratégia protecionista.

Nesse texto, Bresser-Pereira aponta claramente os grupos políticos que sustentam cada um dos posicionamentos: a direita ideológica neoliberal seria representada pelo governo Collor e a esquerda moderna, pelo PSDB. No campo da esquerda arcaica o autor aponta o PT e também os grupos de oposição ao desenvolvimento dependente e associado, que foram identificados por Cardoso e Faletto em suas análises: os grupos comprometidos com o período populista-desenvolvimentista, os setores nacionalistas e os grupos privados não alinhados com o setor monopolista estrangeiro.

---

[252] Burkett, 1997.
[253] Bresser-Pereira, 1996c, 1997, 1998a e b, e 1999.
[254] Id., 2000b e 2001.
[255] Id., 1990, 1991 e 1992.

A aliança social-liberal brasileira adere a uma posição pragmática, que aceita o receituário neoliberal no campo econômico, mas reconhece seu impacto na esfera social.[256] Dessa forma, no Brasil, também ocorre a inversão política observada no Reino Unido e nos Estados Unidos: o neoliberalismo da era Collor foi substituído pelo pragmatismo da era FHC, que prosseguiu, sob a égide da terceira via e da governança progressista, com as políticas orientadas para o mercado.

## A reforma e a administração pública gerencial

Nesse contexto, a nova administração pública emergiu como o modelo ideal para o gerenciamento do Estado reformado, tanto por sua adequação ao diagnóstico da crise do Estado realizado pela aliança social-liberal, quanto pela sua suposta ruptura com o modelo burocrático de administração. Ao ser indicado para dirigir o Mare, Bresser-Pereira manifestou interesse pelas experiências realizadas em outros países e passou a estudá-las para formular uma proposta de adaptação do modelo ao contexto nacional.[257] Examinaremos as características dessa proposta e a forma como foi implementada. Enfatizaremos a reforma do Estado, que ficou conhecida como "reforma gerencial" e o seu modelo de gestão, que recebeu o nome de "administração pública gerencial".

### A reforma gerencial

A reforma gerencial brasileira foi um desdobramento do ajuste estrutural da economia, que teve início com a adesão do governo Collor às recomendações do Consenso de Washington para a crise latino-americana. Em um primeiro momento, o discurso reformista incorporou as recomendações neoliberais, propondo uma redução do tamanho do Estado brasileiro e outras medidas de restrição da atuação estatal.[258]

No entanto, após algumas experiências concretas de ajuste estrutural, cresceram críticas ao movimento neoliberal, que apontavam principalmente para sua tendência de realizar um desmonte do Estado e das políticas sociais. Em consequência, a aliança social-liberal migrou para a esfera da terceira via, abandonando as palavras "redução do Estado" e "transferência de suas funções" em favor da expressão

---

[256] Revesz, 1997.
[257] Bresser-Pereira, 1996c, 1997, 1998a e b.
[258] Id., 1991, 1992 e 1996a.

"reforma dos institutos legais e estatais", reforma esta que teria como objetivo tornar o Estado mais "administrável" pelos burocratas.

Em 1994, logo após ser indicado para o Mare, Bresser-Pereira viajou para o Reino Unido para estudar a nova administração pública, investigando tanto as experiências europeias, quanto o movimento "reinventando o governo". Ao retornar, Bresser-Pereira integra seus estudos às análises sobre a crise do Estado brasileiro, para planejar suas ações no ministério. Em janeiro de 1995, o ex-ministro apresentou o Plano Diretor da Reforma do Estado,[259] que foi debatido nas reuniões do Conselho da Reforma do Estado e também integrou a pauta de discussões da reforma constitucional no Congresso Nacional.

Segundo Bresser-Pereira,[260] o Conselho da Reforma do Estado foi composto por 12 personalidades da sociedade, que não tinham vinculação direta com o governo: Maílson da Nóbrega, Lourdes Sola, Antonio dos Santos Maciel Neto, Celina Vargas do Amaral Peixoto, Gerald Dinu Reiss, Hélio Mattar, João Geraldo Piquet Carneiro, Joaquim de Arruda Falcão Neto, Jorge Wilheim, Luiz Carlos Mandelli, Ary Oswaldo Mattos Filho. O Conselho se reuniu regularmente uma vez por mês, alternando Brasília, Rio de Janeiro e São Paulo. Na primeira reunião foi definido o seu objetivo: ocupar-se de questões concretas sobre a situação do Estado que pudessem ser traduzidas em recomendações objetivas para a reforma.

A emenda constitucional resultante, também conhecida como emenda da reforma administrativa, foi promulgada em 1998 e efetivou as mudanças estruturais necessárias para legitimar a reforma gerencial. Com a aprovação legal do plano da reforma, Bresser-Pereira lança o livro *Reforma do Estado para a cidadania*,[261] onde descreve suas propostas e combate seus críticos. No livro, Bresser-Pereira afirma que a reforma gerencial teve três dimensões: a institucional, a cultural e a gestão.

Focalizaremos a dimensão institucional, que se refere à reestruturação do aparelho do Estado. Viabilizada pela promulgação da emenda constitucional de 1998, essa reestruturação seguiu as recomendações previstas no plano diretor e as atividades estatais foram divididas em dois tipos:

❑ atividades exclusivas do Estado — a legislação, a regulação, a fiscalização, o fomento e a formulação de políticas públicas. Estas atividades pertencem ao domínio do núcleo estratégico do Estado, composto pela Presidência da República e os

---

[259] Mare, 1995; Bresser-Pereira, 1996c e 1997.
[260] Bresser-Pereira, 1998a.
[261] Ibid.

ministérios (Poder Executivo), sendo realizadas pelas secretarias formuladoras de políticas públicas, as agências executivas e as agências reguladoras;
- as atividades não exclusivas do Estado — serviços de caráter competitivo e atividades auxiliares ou de apoio. No âmbito das atividades de caráter competitivo estão os serviços sociais (saúde, educação, assistência social) e científicos, que seriam prestados tanto pela iniciativa privada como pelas organizações sociais, que integrariam o setor público não estatal. Já as atividades auxiliares ou de apoio, necessárias ao funcionamento do aparelho de Estado, como limpeza, vigilância, transporte, serviços técnicos, manutenção, entre outras, seriam submetidas à licitação pública e contratadas com terceiros.

Vejamos como a reforma afetou a estrutura e dinâmica de funcionamento dos órgãos situados no campo das atividades exclusivas do Estado: as secretarias formuladoras de políticas públicas, as agências executivas e as agências reguladoras.

## Atividades exclusivas do Estado

As secretarias formuladoras de políticas públicas estão ligadas aos ministérios: são ocupadas por secretários executivos que realizam o planejamento e controle das políticas governamentais, bem como pela articulação com os demais ministérios. Uma pesquisa realizada junto ao alto escalão do governo federal[262] revelou que o governo Fernando Henrique Cardoso operava através de dois grandes colegiados, que são responsáveis por produzir e avaliar as políticas e ações governamentais. O primeiro colegiado é constituído pelas câmaras setoriais compostas pelos ministros concernentes às áreas específicas e presididas pelo chefe da Casa Civil.

O segundo colegiado é constituído pelos comitês executivos, que são compostos pelos secretários executivos e coordenados pelo subchefe da Casa Civil. A formação destes colegiados teve como objetivo corrigir o problema da coordenação ministerial pela constituição de um controle centralizado das decisões na figura do chefe da Casa Civil, que representa o presidente da República.[263] Assim, os colegiados contribuem para manter a formulação e avaliação das políticas públicas sob o domínio e controle do Poder Executivo.

Agência executiva é uma qualificação que pode ser atribuída às autarquias e fundações públicas que realizam atividades exclusivas do Estado.[264] Os órgãos podem

---
[262] Loureiro e Abrucio, 1998.
[263] Ibid.
[264] Bresser-Pereira, 1998a; Mare, 1998a.

se converter em agências executivas se assim desejarem e também se for de interesse de seu ministério supervisor. Para tanto, precisam apresentar um plano estratégico de reestruturação e desenvolvimento institucional e um contrato de gestão com o ministério supervisor.

O plano de reestruturação tem como objetivo aprimorar a gestão da instituição, a alocação dos recursos públicos, bem como a qualidade dos serviços prestados. O contrato de gestão[265] é um regulador deste objetivo, pois estabelece metas a serem atingidas em um determinado período de tempo, além de indicadores para mensurar o desempenho da instituição.

As agências executivas são responsáveis pela implementação de políticas públicas, por meio da prestação de serviços e execução de atividades de natureza estatal. Seguindo as diretrizes do plano diretor, aqui temos o núcleo estratégico concentrando a formulação e avaliação das políticas públicas e delegando sua implementação para as instituições descentralizadas da administração indireta, como as autarquias e fundações públicas.

A terceira figura da administração indireta brasileira, as empresas públicas, ficou sob a responsabilidade das agências reguladoras, que realizam atividades de regulamentação e regulação da prestação de serviços públicos pelo setor privado.[266] Com o fim do monopólio da Petrobras sobre o petróleo e a privatização dos serviços públicos de comunicações e de energia elétrica foram criadas inicialmente três agências reguladoras: Agência Nacional do Petróleo (ANP), Agência Nacional de Telecomunicações (Anatel) e Agência Nacional de Energia Elétrica (Aneel). O governo passou a ter então cinco agências reguladoras, com o Banco Central (BC) e o Conselho Administrativo de Defesa Econômica (Cade).

## Atividades não exclusivas do Estado

No campo das atividades não exclusivas do Estado, a terceirização das atividades auxiliares ou de apoio se baseia nas regras de licitação. Já para as atividades consideradas de caráter competitivo — que podem ser prestadas pelo setor público ou privado — surgiu um novo formato institucional: as organizações sociais.

As organizações sociais são entidades públicas não estatais destinadas a absorver atividades publicizáveis. A partir da Lei nº 9.637, de 15 de maio de 1998, as associações civis sem fins lucrativos voltadas para os serviços sociais e científicos podem

---

[265] Mare, 1997a e 1998a.
[266] Bresser-Pereira, 1998a.

ser transformadas organizações sociais. Se o Estado aprova a conversão da entidade, é estabelecido um contrato de gestão pelo qual ela passa a receber uma dotação orçamentária pública total ou parcial para a prestação de serviços. Assim, o Estado se responsabiliza pelo financiamento das atividades públicas da entidade, mas continua tendo o controle estratégico das políticas públicas.[267]

No contexto do Mare, as organizações sociais são consideradas uma forma de atribuir mais autonomia e flexibilidade para as entidades prestadoras de serviços, pois elas passam a utilizar recursos públicos por meio de uma lógica de mercado. Adotam normas próprias para compras, contratos e administração orçamentária: as restrições são estabelecidas pelo contrato de gestão firmado com o ministério responsável. Os técnicos do Mare também defendem que esse formato institucional possibilitaria um controle social das políticas públicas, uma vez que possui conselhos de administração voltados para sua gerência e avaliação de desempenho. Por isso, Bresser-Pereira associa as organizações sociais à ideia de "parceria entre o Estado e a sociedade".[268]

De acordo com as diretrizes do plano diretor, a estrutura do aparelho do Estado pós-reforma é a apresentada no quadro 2.

### Quadro 2
### Estrutura pós-reforma

| Atividades | Executores das atividades |
|---|---|
| Exclusivas do Estado (núcleo estratégico) | ❑ Secretarias dos ministérios (formulação de políticas públicas) |
| | ❑ Agências executivas (fundações públicas e autarquias) |
| | ❑ Agências reguladoras (órgãos reguladores das empresas prestadoras de serviços) |
| Não exclusivas do Estado | ❑ Organizações sociais (prestação de serviços sociais e científicos) |
| | ❑ Terceiros contratados por licitação (prestação de serviços auxiliares e de apoio) |

Fonte: Adaptado de Bresser-Pereira (1998a).

## A administração pública gerencial

Segundo Bresser-Pereira, além de reorganizar o aparelho do Estado e fortalecer seu núcleo estratégico, a reforma também deveria transformar o modelo de

---
[267] Bresser-Pereira, 1998a; Mare, 1997.
[268] Ibid.

administração pública vigente. As duas outras dimensões do processo de reforma — cultural e gestão — são direcionados para esta questão e auxiliam na implementação da administração pública gerencial.[269]

No que se refere à dimensão cultural, Bresser-Pereira aponta a necessidade de transformar a "cultura burocrática" do Estado em "cultura gerencial". Para o autor, caberia aos administradores públicos explorarem a dimensão gestão, colocando em prática as novas ideias gerenciais para oferecer um serviço público de melhor qualidade e de menor custo ao "cidadão-cliente", termo cunhado por Bresser-Pereira, que gerou polêmica pela sua aproximação da lógica de mercado. Essa transformação ocorreria pela utilização das ideias e ferramentas de gestão mais recentes do setor privado "criticamente adaptadas" ao setor público: os programas de qualidade, a reengenharia organizacional, a administração participativa e outras.[270]

## Objetivos e características

Na visão de Bresser-Pereira, a nova administração pública se diferencia da administração pública burocrática, pois segue os princípios do gerencialismo. Segundo o autor, os principais objetivos da administração pública gerencial são:[271]

❑ melhorar as decisões estratégicas do governo e da burocracia;
❑ garantir a propriedade e o contrato, promovendo um bom funcionamento dos mercados;
❑ garantir a autonomia e capacitação gerencial do administrador público;
❑ assegurar a democracia através da prestação de serviços públicos orientados para o "cidadão-cliente" e controlados pela sociedade.

Para alcançar esses objetivos, o novo modelo de gestão, que serve de referência para os três níveis governamentais (federal, estadual e municipal), deve apresentar as seguintes características:

❑ administração profissional, autônoma e organizada em carreiras;
❑ descentralização administrativa;
❑ maior competição entre as unidades administrativas;

---
[269] Bresser-Pereira, 1998a.
[270] Ibid.
[271] Ibid.

- disciplina e parcimônia no uso dos recursos;
- indicadores de desempenho transparentes;
- maior controle dos resultados;
- ênfase no uso de práticas de gestão originadas no setor privado.

## Programas administrativos e a nova política de recursos humanos

Baseado nesses parâmetros, o Mare elabora alguns programas e projetos que tiveram continuidade mesmo após a extinção do ministério. Entre eles se destacam: o Programa de Qualidade e Participação,[272] o Programa de Reestruturação e Qualidade dos Ministérios[273] e a implementação de uma nova política de recursos humanos.

Segundo os técnicos do Mare, a missão do Programa de Qualidade e Participação na Administração Pública é implantar programas de qualidade e participação em todos os órgãos e entidades do Poder Executivo. O programa é definido como "um instrumento para a mudança de uma cultura burocrática para uma cultura gerencial, necessária à implementação de um novo modelo de gestão do Estado, que valorize a participação e a iniciativa do servidor público".[274]

Nesse programa são valorizados os mesmos princípios dos programas de qualidade total implementados no setor privado, que são: satisfação dos clientes; constância de propósitos; melhoria contínua; gestão participativa; envolvimento e valorização dos servidores públicos. Para implementar o programa, os técnicos do Mare também recomendam o uso de ferramentas gerencialistas como o Ciclo de Melhoria Contínua (Ciclo PDCA — *planning-doing-checking-acting*) formulado no contexto do método Deming de gerenciamento e o *benchmarking*, que significa a imitação e reprodução de processos, técnicas e práticas administrativas bem-sucedidas.

O programa tem os seguintes objetivos:[275] integrar os cidadãos à ação pública; definir indicadores de desempenho para avaliar resultados e níveis de satisfação de clientes (internos e externos) e estimular a criatividade, o trabalho em equipe, a cooperação e a participação entre os servidores públicos. Nesse contexto, a participação é entendida como o envolvimento dos servidores na busca do aperfeiçoamento contínuo e o compromisso com a satisfação dos clientes internos e externos da organização.[276]

---

[272] Mare, 1997b.
[273] Id., 1998b.
[274] Bresser-Pereira, 1997.
[275] Mare, 1997a.
[276] Bresser-Pereira, 1998a.

Recomendações similares guiam o Programa de Reestruturação e Qualidade dos Ministérios, que se baseia na qualidade total, mas é voltado para a reorganização dos ministérios. O Mare serviu de experiência-piloto e depois assessorou os demais ministérios na organização de comitês estratégicos para a implementação do programa. Esses comitês foram incumbidos das seguintes tarefas: a identificação das competências e objetivos do ministério; a proposição de um arranjo institucional que atenda a esses objetivos; e a avaliação do modelo de gestão vigente por meio de critérios gerenciais. Após seus trabalhos iniciais, cada comitê formulou um "Plano de Reestruturação e Melhoria de Gestão" indicando suas metas de aprimoramento administrativo e os projetos direcionados para isso.[277]

A nova política de recursos humanos se baseia nas alterações realizadas no regime de contratação e gestão do funcionalismo público com a emenda constitucional de 1998. Uma das principais mudanças foi a flexibilização da estabilidade nos cargos por insuficiência de desempenho ou por excesso de quadros. Segundo Bresser-Pereira (1988a), a demissão por insuficiência de desempenho tem como critério as avaliações periódicas do desempenho do funcionário e no caso de demissão assegura-se ao servidor o processo administrativo com ampla defesa. Já a demissão por excesso de quadros segue os seguintes critérios: tempo de serviço, nota de conhecimentos relativos ao cargo em avaliação objetiva e avaliação de desempenho. Para evitar demissões políticas, a proposta do governo prevê a extinção do cargo com a demissão do funcionário, sendo que o cargo não poderia ser recriado dentro de um prazo de quatro anos.

Para o ex-ministro, a demissão por insuficiência de desempenho contribui para a implementação da administração gerencial, já que sinaliza um processo de mudança cultural na gestão do setor público. A exoneração por excesso de quadros, por sua vez, promoveria a redução do déficit público, cumprindo os limites constitucionais de despesa com pessoal. Outras medidas de redução de custos apontadas pelo ex-ministro: a disponibilidade com remuneração proporcional ao tempo de serviço e o teto de remuneração para servidores públicos.

Com a reforma, o Regime Jurídico Único para os servidores públicos, que na Constituição de 1988 havia transformado todos os celetistas em estatutários, foi eliminado. Entre os objetivos da extinção do Regime Jurídico Único, Bresser-Pereira aponta a viabilização da contratação de funcionários públicos por meio do regime celetista e da criação de um regime especial de emprego público para os que trabalham no campo das atividades não exclusivas do Estado. Vale ressaltar que, com a

---

[277] Mare, 1998b.

mudança, o regime estatutário se tornou exclusivo dos funcionários públicos de carreira, que estão vinculados ao núcleo estratégico do Estado.

No que se refere à profissionalização da burocracia pública, Bresser-Pereira propõe uma política que prioriza a carreira dos servidores públicos que ocupam o núcleo estratégico do Estado. Para tanto, o ex-ministro estabeleceu um programa de concursos públicos visando captar recursos humanos com nível de pós-graduação, principalmente nas áreas de administração, economia e ciência política. Visando capacitar os gestores especialistas, foram criados cursos de formação e especialização na Escola Nacional de Administração Pública (Enap). Também foi iniciada uma nova estratégia de remuneração para o segmento, visando diminuir a diferença em relação aos salários pagos no setor privado.

# 7

# Uma crítica da experiência brasileira

No capítulo anterior discutimos a articulação da aliança social-liberal e descrevemos as características da reforma e administração pública gerencial. Neste capítulo, fazemos uma apreciação crítica da mesma. Primeiro, abordamos o perfil do Estado pós-reforma e discutimos a avaliação que Bresser-Pereira realiza da administração pública gerencial. Em seguida, analisamos a concepção de democracia associada à administração pública gerencial, examinando questões como a centralização do poder, o resgate do ideal tecnocrático e o grau de inserção da sociedade nas decisões políticas e administrativas.

Nosso objetivo é demonstrar alguns limites da experiência e apontar os argumentos utilizados pelo ex-ministro para sustentar o seu suposto caráter democrático. Com essa análise, tentamos evidenciar que a vertente gerencial não rompe com o neopatrimonialismo e as tendências autoritárias da gestão pública brasileira. Finalizando, constatamos a crise do modelo de desenvolvimento dependente e associado, que teve como consequências a desarticulação da aliança social-liberal e também a emergência do novo consenso político, organizado em torno da vertente societal.

### Alguns limites da administração pública gerencial

Segundo informações que constam em um relatório de avaliação feito pelo Mare[278] e no site do Ministério do Planejamento, Orçamento e Gestão em 1998, quando Bresser-Pereira deixou o Mare, computavam-se 47 adesões ao Programa de Qualidade

---
[278] Mare, 1998c.

e Participação envolvendo órgãos da administração direta (ministérios e outras instâncias do Poder Executivo), autarquias, fundações públicas e empresas estatais.

Registrava-se também a instalação das agências reguladoras e a implementação de alguns projetos-piloto de agências executivas, como o Instituto Nacional de Metrologia (Inmetro), o Instituto Brasileiro de Meio Ambiente e Recursos Naturais Renováveis (Ibama), a Secretaria de Defesa Agropecuária (SDA), Instituto Brasileiro de Geografia e Estatística (IBGE), o Conselho Nacional de Desenvolvimento Científico e Tecnológico (CNPq) e a Secretária de Vigilância Sanitária (SVS, hoje Agência Nacional de Vigilância Sanitária — Anvisa). Essas instituições efetivamente se converteram em agências executivas.

No que se refere às organizações sociais, em 1998 existiam os seguintes projetos-piloto ativos: a Associação Brasileira de Tecnologia de Luz Síncrotron (ABTLus), a Associação de Comunicação Educativa Roquette Pinto (Acerp), a Probem/Amazônia, a Escola Nacional de Administração Pública (Enap), o Instituto Nacional do Câncer (Inca) e o Museu Imperial. Destes, apenas os dois primeiros se tornaram organizações sociais.

No segundo mandato de Fernando Henrique Cardoso, o Mare foi extinto e suas atribuições absorvidas pela Secretaria de Gestão (Seges) do Ministério do Planejamento, Orçamento e Gestão. A Seges prosseguiu na linha gerencialista, reproduzindo as recomendações feitas para o desenho institucional e desenvolvendo os seguintes programas: Programa Nacional de Desburocratização, Programa Valorização do Servidor, Programa Gestão Pública Empreendedora e Programa Qualidade no Serviço Público. Este último é o mesmo que começou nos ministérios: o Programa de Qualidade e Participação na Administração Pública. A diferença é que ele se estendeu aos baixos escalões da administração pública, abrangendo órgãos públicos, secretarias estaduais e municipais, prefeituras e todos aqueles que desejam ingressar voluntariamente no programa.

Ainda não foram realizadas muitas análises sistemáticas sobre o desenho do aparelho do Estado após a reforma de 1995. Foram realizados alguns trabalhos acadêmicos, além das avaliações oficiais do Mare e do Ministério do Planejamento, Orçamento e Gestão. Uma das exceções é a análise feita por Rezende,[279] que demonstra que o Mare não conseguiu uma cooperação simultânea entre os objetivos de ajuste fiscal e de mudança institucional. Para Rezende, na transferência para o Ministério de Planejamento e Gestão, a reforma perdeu o seu ímpeto no que se refere ao redesenho institucional e acabou tornando o ajuste fiscal o elemento preponderante.

---

[279] Rezende, 2004.

De um modo geral, esses trabalhos e avaliações não se detêm no desenho que o aparelho do Estado apresenta atualmente e nas relações entre os órgãos do núcleo estratégico. Ao nosso ver, apesar de ter um projeto bem definido para a mudança institucional, a reforma acabou causando uma fragmentação do aparelho do Estado, pois os novos formatos organizacionais sugeridos pela reforma não substituíram os antigos: há uma convivência de ambos. Nem todas as autarquias e fundações públicas se transformaram em agências executivas e várias entidades da sociedade civil iniciaram o processo de conversão em organizações sociais, mas acabaram optando pelo antigo *status* institucional.

É o caso dos hospitais públicos do estado de São Paulo que, temendo uma perda de autonomia, desistiram de se tornar organizações sociais, conforme informou Nelson Rodrigues dos Santos, membro do Conselho Nacional de Saúde. Podemos citar também o Centro de Tecnologia em Informática (CTI) em Campinas que, segundo seu presidente, Carlos Mammana, em vez de se converter em uma organização social, foi transformado em uma autarquia, o Instituto de Tecnologia em Informática (ITI), apesar desse tipo de figura jurídica ter sido excluído da Constituição Federal. Vale ressaltar um outro caso peculiar: a Agência Nacional das Águas (ANA), que, embora tenha função reguladora do ponto de vista jurídico, é uma autarquia.

Na realidade, o projeto das agências executivas e das organizações sociais não alcançou a extensão esperada e isso impossibilitou que o aparelho do Estado fosse redesenhado a partir de uma diretriz mais definida de organização e gestão dos órgãos da administração pública. No que se refere às agências reguladoras, verifica-se um maior sucesso quanto à sua consolidação enquanto novo formato institucional, pois além da Aneel, ANP e Anatel também apareceram outras agências reguladoras como a Agência Nacional de Transportes Aquaviários (Antaq), a Agência Nacional de Transportes Terrestres (ANTT), a Agência Nacional de Vigilância Sanitária (Anvisa), a Agência Nacional da Saúde (ANS) e a Agência Nacional do Cinema (Ancine), e também agências estaduais e municipais. No entanto, as últimas vêm encontrando dificuldades em relação ao alcance de níveis satisfatórios de eficiência e atendimento do interesse público. Com frequência, os diretores da ANP, Aneel e Anatel fazem declarações à imprensa sobre as dificuldades de regulação dos órgãos sob sua administração e os cidadãos se queixam das limitações das agências na fiscalização da prestação de serviços públicos.

A avaliação que o Mare faz da reforma em seu relatório de 1998 se fundamenta em uma expectativa de concretização de suas proposições e enfatiza apenas seus pontos positivos. Vale ressaltar que, apesar dos limites, a avaliação que Bresser-Pereira faz da experiência de reforma costuma ser pouco crítica. As opiniões elogiosas emitidas no livro *Reforma do Estado para a cidadania* (1998a) se repetem nos artigos posteriores[280] e não há registro de avaliações mais recentes que relativizem essa visão de sucesso.

A análise da literatura pertinente e dos documentos do Mare também revela que o ex-ministro procurou consolidar a ideia de que a administração pública gerencial é democrática. Os textos de Bresser-Pereira[281] evidenciam sua convicção em relação ao caráter democrático da reforma e da administração pública gerencial. Ademais, também revelam o esforço do ex-ministro em responder aos seus críticos[282] e demonstrar que suas propostas não são neoliberais.

Em linhas gerais, Bresser-Pereira considera o processo de reforma democrático porque teve legitimidade institucional, já que contou com um conselho e foi debatido durante três anos no Congresso Nacional, ou seja, respeita o caráter formal da democracia. No que se refere à participação popular, sua argumentação é permeada por contradições. Em primeiro lugar, ele reconhece a ignorância da opinião pública em relação à reforma e também o uso estratégico que fez da imprensa para angariar apoio popular. Em segundo lugar, porque a despeito da existência de opiniões divergentes sobre a reforma do Estado, Bresser-Pereira afirma que houve a formação de um "quase consenso" em torno de suas propostas, uma vez que estas foram aprovadas praticamente na íntegra.

A citação a seguir foi reproduzida na íntegra em um artigo na *Revista de Administração Pública*, confirma as opiniões do ex-ministro:

> Quando as ideias foram inicialmente apresentadas, em janeiro de 1995, a resistência a elas foi muito grande. Tratei, entretanto, de enfrentar essa resistência de forma mais direta e aberta possível, usando a mídia como instrumento de comunicação. O tema era novo e complexo para a opinião pública e a imprensa tinha dificuldades em dar ao debate uma visão completa e fidedigna. Não obstante, a imprensa serviu como um maravilhoso instrumento para o debate das ideias.[283]

Quanto ao caráter democrático da administração pública gerencial, o exame dos textos publicados pelo ex-ministro revela outros argumentos por ele utilizados: a diversificação de controles sociais ajuda a preservar o interesse público, pois mantém os burocratas em contato com a sociedade, favorecendo o equilíbrio entre técnica e

---

[280] Bresser-Pereira, 1998b e c, 1999a e 2000a.
[281] Id., 1996c, 1998b e c, 1999a e b e 2000a.
[282] Oliveira, 1998; Andrews e Kouzmin, 1998; Carvalho, 1999; Diniz, 2000.
[283] Bresser-Pereira, 1998a e 2000a.

política; o modelo pós-burocrático de organização flexibilizou o aparelho do Estado, tornando-o mais eficiente na prestação de serviços e mais receptivo à participação popular; e a esfera pública não estatal viabilizou a participação representativa e direta dos cidadãos nas decisões públicas.

Em relação ao primeiro argumento, Bresser-Pereira[284] enfatiza a importância do controle social da gestão no contexto da administração pública gerencial. Segundo o ex-ministro, esse modelo de gestão aposta na coexistência de diversos tipos de controles democráticos para garantir uma cooperação desinteressada dos burocratas públicos. Entre os controles citados destacam-se: o controle do processo (participação dos cidadãos na tomada de decisões); o controle dos resultados; o controle dos políticos sobre os burocratas; os controles procedimentais (auditoria e conselhos de administração), além do autocontrole (valores profissionais do administrador público). Na sua avaliação, o funcionamento regular desses múltiplos controles viabilizaria o controle *a posteriori*, que atribui ao administrador público uma autonomia semelhante à que possui o administrador de empresas.

O segundo argumento se baseia na convicção do ex-ministro de que a administração pública gerencial brasileira segue a "orientação para o serviço público". Na visão de Bresser-Pereira, uma vez que se guia por uma orientação mais política, a administração pública gerencial teria abandonado o gerencialismo puro para se inspirar no modelo pós-burocrático de gestão. Para ele,[285] esse modelo é adequado às demandas da construção democrática brasileira, pois incentiva a iniciativa, a realização, a flexibilidade, a descentralização, a participação dos envolvidos e o uso das inovadoras ferramentas de gestão oriundas do setor privado, pois romperia com o modelo burocrático de organização, que o ex-ministro identifica como característico do neoliberalismo.

Segundo o autor, tal como a moderna gestão empresarial, a administração pública se baseia na teoria administrativa das organizações, deixando em segundo plano a teoria econômica, que é representada por Taylor e Fayol. De acordo com Bresser-Pereira,[286] a partir de Elton Mayo, a teoria das organizações passou a ter matriz teórica-sociológica, descartando perspectivas economicistas, que reforçam o caráter autoritário e optando por abordagens mais participativas. Vale ressaltar que a argumentação de Bresser-Pereira contraria uma análise mais sofisticada da teoria das organizações realizada em outro trabalho,[287] que mostra a complementaridade entre a escola clássica e a escola de relações humanas e o caráter manipulador da gestão participativa.

---

[284] Bresser-Pereira, 1998a.
[285] Id., 1996c e 1998a e b.
[286] Ibid.
[287] Motta e Bresser-Pereira, 1986.

Em relação ao terceiro argumento, o caráter democrático da nova administração pública seria assegurado pela constituição da "esfera pública não estatal",[288] que viabilizaria a participação representativa e direta dos cidadãos nos assuntos públicos por meio de dois dispositivos: as organizações sociais e as garantias constitucionais de democracia direta. Para o ex-ministro, as organizações sociais garantiriam a inserção social nos processos de formação e controle de políticas públicas. Além disso, o caráter micro-organizativo das organizações sociais também facilitaria a adoção do modelo pós-burocrático de gestão, tornando-as mais permeáveis às demandas e à participação social.

Quando cotejamos os argumentos do ex-ministro e as análises sobre a nova administração pública, constatamos que eles se baseiam nas idealizações que circundam esse modelo de gestão. Quanto ao primeiro argumento, controle social da gestão, nota-se que os múltiplos controles sugeridos não se manifestam na realidade: os burocratas continuam escapando do escrutínio popular.[289] O segundo argumento perde sua força quando consideramos que embora a orientação para o serviço público tente aproximar a nova administração pública da dimensão sociopolítica da gestão, ela não consegue transcender a mera idealização, superando os limites estruturais do modelo gerencialista e alcançando um novo patamar no que se refere à democratização do Estado.

O terceiro argumento também cairá por terra quando examinarmos a realidade das organizações sociais. É importante lembrar que a transição para a organização pós-burocrática é um mito, pois temos uma flexibilização da burocracia e uma manutenção da dominação. Por outro lado, quando avaliamos as características intrínsecas da nova administração pública à luz dos condicionantes da história brasileira, constatamos outros limites que colocam em questão o seu caráter democrático: a administração pública gerencial continua sustentando a centralização do poder e o idealismo tecnocrático.

## Uma administração pública democrática?

No âmbito da gestão pública, a execução de uma decisão costuma ser considerada uma tarefa do domínio da administração. Já a tomada de decisão em si, que envolve risco, conjuntura e dinâmica política, abrangendo políticos, burocratas e cidadãos

---

[288] Bresser-Pereira, 1998a; Bresser-Pereira e Grau, 1999.
[289] Para uma discussão sobre a monitoração limitada dos burocratas no governo Fernando Henrique Cardoso, consulte Loureiro e Abrucio, 1999.

é parte do programa de ação do governo, também denominado *policy*. Na esfera governamental, o programa de ação pode seguir uma linha democrática ou tecnocrática. No primeiro caso, busca-se um consenso entre o maior número possível de representantes interessados. No segundo caso, a decisão é atribuída aos mais qualificados em termos de formação e competência. Além disso, a linha tecnocrática se caracteriza por conceber a eficiência governamental a partir da concentração, centralização e fechamento do processo decisório. A eficácia da gestão está aqui relacionada com "insularidade burocrática" — a impermeabilidade do Estado frente às pressões do mundo da política.[290]

Como já constatamos, durante o regime militar o programa de ação governamental se baseava na linha tecnocrática, pois as decisões eram centralizadas na cúpula governamental e o modelo de gestão se caracterizava pelo autoritarismo e a exclusão da participação social. Também verificamos que a tecnocracia se caracterizava pelo neopatrimonialismo, ou seja, os burocratas se apropriavam da essência do Estado. Essa tecnocracia, que implica em autoritarismo e patrimonialismo, foi colocada em questão durante a transição democrática e a sua crítica passou a integrar o discurso da vertente gerencialista da reforma do Estado. Apesar disso, não há nenhuma comprovação de que o gerencialismo implique em uma extinção do patrimonialismo:[291] a simples condenação das práticas patrimonialistas e a adesão à visão gerencialista não bastam para uma mudança na cultura política.

Na verdade, a implementação do modelo gerencialista de gestão pública não resultou em uma ruptura com a linha tecnocrática, além de continuar reproduzindo o autoritarismo e o patrimonialismo, pois o processo decisório continuou como um monopólio do núcleo estratégico do Estado e das instâncias executivas e o ideal tecnocrático foi reconstituído pela nova política de recursos humanos. Por outro lado, a despeito do discurso participativo da nova administração pública, a estrutura e a dinâmica do Estado pós-reforma não garantiram uma inserção da sociedade civil nas decisões estratégicas e na formulação de políticas públicas. A seguir, o exame de cada um desses pontos.

## A centralização do processo decisório

Nos últimos anos, a dificuldade dos governos democráticos brasileiros em implementar e fazer valer suas decisões gerou uma hiperatividade da cúpula governamental e do Executivo. Assim, os governos da Nova República se caracterizam por

---

[290] Lafer, 1975.
[291] Sobre essa questão, consulte Pinho, 1998.

uma assimetria entre o Executivo e o Legislativo e uma crença no saber técnico da burocracia que contribuem para manter o Estado afastado da dimensão sociopolítica. No contexto da reforma dos anos 1990, enquanto o Legislativo debatia a pauta de decisões, o Executivo e a alta tecnocracia governamental utilizavam o intercâmbio clientelístico para ampliar o apoio da coalizão parlamentar às reformas e implementavam as mudanças no aparelho do Estado por meio de medidas provisórias a serem aprovadas pelo Congresso Nacional.[292]

Governar por medidas provisórias se transformou em um hábito do Poder Executivo e essa tendência se acentuou durante o governo de Fernando Henrique Cardoso, que superou seus antecessores no número de medidas provisórias editadas. Monteiro,[293] por exemplo, faz um acompanhamento sistemático da implementação do Plano Real e da atuação do governo, apresentando dados e estatísticas. Já Diniz[294] e Carvalho[295] realizam análises mais qualitativas, mas também mencionam que o montante de medidas provisórias editadas pelo citado governo ultrapassou os demais e transcendeu os limites desejáveis de atuação do Poder Executivo.

Foi um governo que seguiu o mesmo estilo tecnocrático de gestão e excesso de discricionariedade que pautou os governos anteriores. As decisões estratégicas não se parametrizavam pelos procedimentos democráticos e as elites tecnocráticas se eximiam de explicar e justificar suas ações. Assim, o que se observa no governo Fernando Henrique Cardoso é a proliferação de decisões tomadas por um pequeno círculo burocrático que se situa fora do controle político e do escrutínio público.[296]

Essas características são confirmadas quando analisamos a estrutura do aparelho do Estado pós-reforma, pois seguindo as diretrizes da nova administração pública, efetivou-se uma clara concentração do poder no núcleo estratégico. Aposta-se na eficiência do controle social e se delega a formulação de políticas públicas para os burocratas. O monopólio das decisões foi concedido às secretarias formuladoras de políticas públicas e a execução atribuída às secretarias executivas, aos terceiros ou às organizações sociais, de acordo com o caráter da atividade. Assim, o governo da aliança social-liberal separou os grupos técnicos do sistema político,[297] engajando-os em programas controlados pela própria Presidência. Esse processo de insulamento burocrático é visível no círculo restrito constituído pelo Ministério da Fazenda,

---

[292] Diniz, 1997 e 2000.
[293] Monteiro, 1997 e 2000.
[294] Diniz, 1997 e 2000.
[295] Carvalho, M.C., 1997.
[296] Diniz, 2000.
[297] Abrucio e Costa, 1998.

Banco Central, Tesouro Nacional e BNDES, que é o núcleo responsável pelas decisões estratégicas.[298]

A estrutura de colegiados que produzem e avaliam políticas públicas também sinaliza a tendência ao insulamento burocrático e a formação de um grupo relativamente coeso de burocratas de carreira. Uma pesquisa[299] realizada comprovou que esses postos da alta administração pública federal vêm sendo ocupados por pessoas que possuem propostas relativamente homogêneas desde o governo Sarney.

No primeiro colegiado, observamos um retrocesso, pois as câmaras setoriais de composição tripartite (empresários, técnicos e políticos, lideranças sindicais operárias), que foram criadas no início dos anos 1990, deixaram de existir. Embora essas câmaras apresentassem um risco de neocorporativismo, elas constituíam um espaço de representação no interior do aparato burocrático e possibilitavam uma participação mais ampliada no colegiado ministerial, bem como na definição de políticas setoriais.[300] A necessidade de administrar divergências internas aumentou a oposição da cúpula tecnocrática do governo à experiência, o que inviabilizou a continuidade da experiência a partir de 1995. O governo então optou pela centralização das decisões e tornou as câmaras setoriais um monopólio das equipes ministeriais.[301]

Vale notar que a instalação do padrão gerencialista também acabou reforçando a autonomia do Executivo e do círculo tecnocrático. Visando um ganho de eficiência, a nova administração pública recomenda o aumento do poder discricionário dos burocratas e a elaboração de regras durante o processo de tomada de decisão, que acaba por colocar o interesse público em segundo plano na medida em que incentiva o individualismo do decisor. Alguns autores[302] nos ajudam a consolidar este argumento quando afirmam que o desenho institucional trazido pela nova administração pública aumentou o isolamento dos decisores, ampliando o incentivo às práticas personalistas e voluntaristas.

Assim, abre-se espaço para o neopatrimonialismo e para uma autocracia que recorre a técnicas democráticas, colocando a soberania popular em segundo plano.[303] No entanto, para os defensores da nova administração pública prevalece a crença de que o insulamento burocrático pode ser controlado pela constituição de uma burocracia pública sintonizada com o interesse público e pela inserção da sociedade civil na gestão pública.

---

[298] Diniz, 2000.
[299] Loureiro e Abrucio, 1998.
[300] Oliveira, 1998; Oliveira et al., 1993 e Diniz, 1994 e 2000.
[301] Diniz, 2000.
[302] Ibid.
[303] Faoro, 1995.

## O resgate do ideal tecnocrático

No contexto da nova administração pública, as ideias de profissionalização e formação de um serviço público competente ganharam nuanças gerencialistas, sustentando a substituição do *ethos* burocrático pelo gerencial. Contudo, é importante relembrar que a anatomia da burocracia mudou, bem como as características que são valorizadas em um burocrata. Atualmente, o parâmetro organizacional é a "burocracia flexível", que tem características adaptadas às necessidades de flexibilização organizacional, mas não descarta a profissionalização e a dominação burocrática. Esse modelo de organização foi absorvido pela nova administração pública e emulado pelo Estado.

Assim, a administração pública gerencial não rompe com o ideal burocrático. Embora critique a burocracia, diversas vezes Bresser-Pereira[304] aponta a importância da existência de uma burocracia pública capaz de controlar o processo decisório e assegurar a eficiência administrativa. Ele resgata o ideal tecnocrático pela sua proposta de revalorização da burocracia pública e do desenvolvimento da carreira dos burocratas ligados ao núcleo estratégico. Por outro lado, sua proposta também perpetua a penalização dos funcionários dos escalões inferiores que lidam diretamente com prestação de serviços públicos, uma vez que continuam sem perspectivas de carreira.

Como verificamos, a nova política de recursos humanos do Mare foi direcionada para a profissionalização do núcleo estratégico e tentou expulsar os escalões inferiores do domínio público, mantendo a dicotomia que foi identificada por Martins (1995) ao examinar os escalões do funcionalismo público brasileiro durante o regime militar. Segundo o autor, o primeiro escalão, que se empenha em carreiras diplomáticas ou na área de planejamento econômico, se caracterizou pela meritocracia e profissionalização. Já os escalões inferiores, em geral engajados nos serviços sociais, foram relegados ao critério clientelístico de recrutamento por indicação e manipulação populista de recursos públicos, sofrendo uma progressiva deterioração.

Na visão de Martins, o primeiro escalão conseguiu se manter distante da negociação política de cargos, constituindo uma classe de burocratas que se viam como agentes de um projeto nacional de desenvolvimento. Como na década de 1970 o país passava por uma fase de expansão econômica, esses burocratas ganharam poder para criar subsidiárias e novos órgãos públicos, descentralizando o aparelho do Estado. E acabou ocorrendo uma diversificação dos órgãos estatais (fundações públicas,

---

[304] Bresser-Pereira, 1998a e 2000a.

autarquias, empresas públicas e estatais), o que gerou um crescimento desordenado da administração indireta. E enquanto os burocratas da administração indireta passavam a demandar cada vez mais autonomia decisória e administrativa em relação ao Estado, a administração direta (saúde, educação, assistência social e segurança pública) continuava a decair, prejudicada pela insuficiência orçamentária para a área social e pela atribuição de cargos como moeda política.

De acordo com o citado autor, surgiram no Brasil duas classes de burocratas: o ineficiente e mal pago que presta serviços públicos e o executivo do setor paraestatal, impregnado de uma "cultura mais gerencial". Estes últimos protagonizavam basicamente duas "cenas" na vida política do país: ou atuavam nas "ilhas de excelência", onde o projeto nacional de desenvolvimento era tomado como referência; ou estabeleciam relações com o setor privado, criando redes de corrupção e privilégios.

Os cidadãos brasileiros sempre tiveram um contato mais estreito com a ineficiência dos escalões inferiores e com os escândalos de corrupção dos altos escalões. Além disso, a tentativa de reformar o Estado para construir uma burocracia voltada para o interesse público em todos os níveis do aparelho estatal foi abandonada nas malsucedidas experiências. Esses fatores, somados ao autoritarismo e às restrições à participação política promovidas durante o regime, contribuíram para que os brasileiros formassem uma imagem negativa do funcionalismo público e rotulassem o Estado por seu burocratismo.

É exatamente essa imagem negativa do funcionário público que Bresser-Pereira afirma explorar para sensibilizar a opinião pública. O ex-ministro critica a burocracia a fim de obter apoio popular para a emenda constitucional e ao mesmo tempo planeja uma renovação da tecnocracia por meio do gerencialismo. Vejamos como:

> Minha estratégia principal era a de atacar a administração pública burocrática, ao mesmo tempo em que defendia as carreiras de Estado e o fortalecimento da capacidade gerencial do Estado. Dessa forma, confundia meus críticos, que afirmavam que agia contra os administradores públicos e burocratas, quando eu procurava fortalecê-los, torná-los mais autônomos e responsáveis.[305]

No entanto, já verificamos que apesar de professar o fortalecimento da burocracia pública, a política de recursos humanos proposta pelo Mare mantém a diferenciação entre os escalões governamentais,[306] pois tenta fortalecer a alta burocracia pelo

---

[305] Bresser-Pereira, 1998a e 2000.
[306] Diniz, 2000.

projeto de contratação e formação de especialistas em políticas públicas e gestão governamental e procura isentar o Estado do recrutamento, formação e qualificação dos escalões inferiores, que seriam idealmente transferidos para a responsabilidade do setor privado.

Cabe ressaltar que apesar do Fórum de Carreiras Típicas do Estado (FCTE), que defende os interesses dos burocratas ligados ao núcleo estratégico, ter sido a única representação dos servidores públicos com a qual o governo estabeleceu conversações durante a reforma administrativa, as negociações não evoluíram positivamente. O governo desagradou o FCTE e impossibilitou uma relação mais cooperativa com essa esfera de representação, pois se restringiu a apresentar as linhas gerais dos novos regimes trabalhistas dos servidores — estabilidade garantida para os membros das carreiras típicas e regime celetista para os demais — transferindo a definição das carreiras para o âmbito da lei complementar.[307]

Uma pesquisa[308] que analisa a dinâmica dos concursos e da implementação das carreiras dos gestores de políticas públicas conclui que, apesar do aspecto meritocrático, este não foi bem-sucedido no que se refere à consolidação de um corpo burocrático comprometido com o interesse público, uma vez que o sistema de carreira ainda é muito individualizado e há uma tendência à defesa de interesses pessoais. O projeto também não teve apoio de alguns setores do governo que consideravam os burocratas de carreira uma ameaça à distribuição de cargos em comissão.

No que se refere ao baixo escalão, não ocorreu nenhuma forma de diálogo do governo com as suas representações profissionais[309] e a medida corretiva para melhorar a qualidade da prestação dos serviços pelos funcionários públicos foi a adesão voluntária do órgão público ao qual eles se encontram vinculados aos programas de qualidade total. Esses programas apresentam limites, e no caso do setor público as dissonâncias costumam ser ainda maiores, porque a padronização via gestão da qualidade é um processo relativamente rápido e focaliza primordialmente a melhoria da qualidade do serviço prestado, mas a formação da responsabilidade pública é um processo lento que envolve julgamento moral e aprendizado cotidiano, que é resultado de treinamento e desenvolvimento de pessoal.

A extinção do Regime Jurídico Único acabou afetando justamente o comprometimento do Estado em relação à carreira e o desenvolvimento profissional dos

---

[307] Cheibub, 2000.
[308] Maria, 2000.
[309] Cheibub, 2000.

escalões inferiores, pois os relegou para uma "zona cinzenta": uma parte continua integrando o funcionalismo público e a outra foi transferida para o setor público não estatal. A inexistência de uma carreira estruturada para os baixos escalões tende a afetar o comprometimento dos funcionários com a profissão e com o interesse público. O descaso em relação às carreiras somado ao caráter voluntário da adesão aos programas de qualidade resulta em uma grande heterogeneidade em relação à qualidade dos serviços prestados. Na realidade, as experiências bem-sucedidas derivam mais do empenho de algumas pessoas diretamente envolvidas com suas funções, do que das diretrizes estabelecidas pelo Estado, que optou por uma estrutura que impossibilita a reprodução do mesmo ambiente de trabalho e nível de comprometimento em toda a rede de prestação de serviços.

Em síntese, apesar das intenções de profissionalização dos burocratas de carreira e melhoria na prestação de serviços públicos, os resultados têm sido limitados. Por outro lado, com a administração pública gerencial prevalece o ideal tecnocrático, que favorece a reprodução do autoritarismo e do neopatrimonialismo. A formulação das políticas públicas continua como monopólio de uma elite burocrática que centraliza o poder, se apropriando da essência do Estado, e os serviços públicos são relegados para executores cujo comprometimento com a qualidade e o interesse público varia de acordo com uma série de fatores.

## Uma inserção social limitada

Na visão de Bresser-Pereira, a inserção da sociedade civil no processo de mudança social é um fenômeno recente. Para o ex-ministro, a sociedade civil é uma instituição que reorganiza a alocação de recursos, poder e riqueza.[310] Na nossa interpretação, este tratamento da sociedade civil como instituição e não como agente já sinaliza o caráter limitado da participação social na estrutura e dinâmica governamental da vertente gerencial.

Nesse contexto, há um discurso participativo, mas na prática se enfatiza o engajamento da própria burocracia pública ou dos quadros das organizações sociais no processo de gestão. A estrutura e a dinâmica do aparelho do Estado pós-reforma não apontam os canais que permitiriam a infiltração das demandas populares.

Analisando o caso de uma organização social, Oliveira observa que há uma confusão entre a participação dos funcionários e da sociedade civil.

---

[310] Bresser-Pereira, 1999b.

É a "sociedade civil", no pensamento do ministro Bresser-Pereira, administrando-se a si própria, o novo modelo do Estado enxuto do século XXI. Bem reparada, tal reforma não passa de uma perigosa farsa: em primeiro lugar, os recursos continuam sendo públicos, nos casos já conhecidos, um dos quais é o Laboratório Nacional de Luz Síncroton; em segundo lugar, não há nenhuma "sociedade civil" autogerindo-se: trata-se dos mesmos funcionários, cientistas e auxiliares, que estão na administração dessa nova entidade da "sociedade civil".[311]

Aqui há dois fatores que precisam ser discutidos: ainda que o modelo gerencial se inspire em uma abordagem participativa, há novos mecanismos de controle dos funcionários e a participação é bastante administrada e democratizar uma organização pública e viabilizar a participação popular são tarefas completamente distintas. Quanto ao primeiro fator, vale enfatizar que a questão da democratização organizacional ainda deveria estar na pauta de discussão, uma vez que não foram alcançados níveis satisfatórios de emancipação dos funcionários. Além disso, é importante frisar que a suposta democratização interna não implica necessariamente na permeabilidade dessa organização à participação social. No segundo fator, as organizações sociais, pelas quais o ex-ministro pretendia constituir uma esfera pública não estatal, ilustram bem o problema abordado.

Nessas organizações, a participação popular ocorre por meio de representantes da comunidade nos órgãos colegiados de deliberação superior.[312] Tal mecanismo não conseguiu atrair um número significativo de entidades da sociedade civil, pois apresenta limitações: o formato institucional das organizações sociais e a estrutura do aparelho do Estado não permitem uma maior inserção popular no processo decisório e na formulação de políticas públicas.

Um possível obstáculo é a configuração de sua estrutura organizacional, que é por demais rígida para representar o complexo tecido mobilizador existente na sociedade brasileira. Do ponto de vista contratual, essas entidades são apenas prestadoras de serviços e não têm nenhuma posição representativa no núcleo estratégico do Estado. Assim, inexiste um canal de mediação entre as entidades e a cúpula governamental, demonstrando que ainda está colocado o desafio de se elaborar arranjos institucionais que viabilizem uma maior representatividade e a participação dos cidadãos na gestão pública. Em síntese, a vertente gerencial pactua de uma abordagem autoritária de gestão, pois os burocratas públicos continuam centralizando as decisões e a

---

[311] Oliveira, 1998.
[312] Barreto, 1999.

inserção social é limitada. Além disso, o viés gerencialista, que estimula o patrimonialismo burocrático e político dos gestores, dificultou a criação de alternativas institucionais para a participação social.

## A crise da aliança social-liberal

As características e os limites da administração pública gerencial resultaram em uma concepção limitada de democracia, que começou a gerar contestações de setores da sociedade ligados aos movimentos sociais. Isso contribuiu para o processo de crise da aliança social-liberal, que aumentou com o fracasso da "novíssima dependência" quanto ao desenvolvimento do país, abrindo espaço para a ascensão de uma nova vertente de reforma e gestão do Estado: a vertente societal.

Em relação à democracia, verificamos que o Estado pós-reforma confiou à burocracia pública as decisões estratégicas e optou por uma abordagem política instrumental. O resultado foi uma democracia meramente formal, que enfatiza as instituições e os procedimentos administrativos,[313] e não uma democracia voltada para o desenvolvimento da dimensão sociopolítica da gestão.

O governo da aliança social-liberal foi marcado pela concepção formal e restrita de democracia, o que não chega a surpreender, pois isso já é perceptível nas suas raízes. Nos anos 1970, a vinculação entre o desenvolvimento dependente e associado e o regime autoritário foi bastante discutida no âmbito acadêmico. O artigo de O'Donnell (1979), apresentado em um congresso realizado em 1975, gerou um debate entre o autor e os teóricos do desenvolvimento dependente e associado.

No artigo, O'Donnell descreve as características do Estado burocrático-autoritário então vigente e questiona se a nova estratégia de desenvolvimento poderia coexistir com a democracia. Na sua visão, essa estratégia acabaria gerando mudança de regime político, uma vez que a transição para a democracia teria a vantagem de reduzir o peso institucional das Forças Armadas, além de permitir o acesso ao governo a civis com orientações políticas mais próximas às das elites.

No entanto, seria uma democracia limitada

> que consiga o milagre de ser tudo isto e que ao mesmo tempo mantivesse a exclusão do setor popular. Em particular, teria que ser uma que mantivesse a supressão das invocações em termos de *pueblo* e classe. Essa supressão pressupõe que sejam mantidos controles rigorosos das organizações e movimentos políticos do setor popular, bem como

[313] Burkett, 1997.

controles sobre as formas de discurso e retórica permissíveis por parte daqueles que ocupam as posições institucionais que a democracia reabrisse.

Para O'Donnell, não há uma vinculação obrigatória entre o desenvolvimento dependente e o autoritarismo, mas tal estratégia de desenvolvimento pode implicar em uma democracia restrita, que impede a inserção dos setores populares e recorre ao patrimonialismo político, desmobilizando os esforços de participação política e cooptando as lideranças populares.

Dirigindo-se às especulações de O'Donnell, Serra (1979) e Cardoso (1979) concordam que o desenvolvimento dependente e associado pode se organizar no contexto de qualquer regime, seja ele autoritário ou democrático. No entanto, os autores não discutem a análise realizada por O'Donnell sobre a democracia restrita, isentando-se de examinar a concepção de democracia que acabaria sustentando o consenso pragmático. Esses antecedentes e condicionantes, bem como a opção pela nova administração pública, dificultaram a implementação de um modelo mais democrático de gestão pública.

Assim, o governo da aliança social-liberal completou a transição anunciada para o desenvolvimento dependente e associado e se caracterizou pela estabilização da economia e consolidação das instituições democráticas. No entanto, não foi bem-sucedido na constituição de tecnocracia mais aberta à participação popular e manteve o caráter centralizador da gestão pública. Em síntese, ao optar pela reforma e administração pública gerencial, a vertente gerencial não realizou a contribuição imaginada para a democratização do Estado brasileiro. O controle democrático da burocracia pública, o modelo de gestão pública participativo e os mecanismos de participação popular permaneceram no nível do discurso e da idealização.

A aliança social-liberal também não conseguiu fazer funcionar o binômio dependência e desenvolvimento. A ruptura com o padrão nacional-desenvolvimentista, que ocorreu no governo Collor, se aprofundou durante o governo Fernando Henrique Cardoso.[314] A estratégia de estabilização adotada pela aliança social-liberal resultou em uma estagnação econômica que afetou os índices de desemprego e a capacidade produtiva.[315]

Devido à ênfase na atração de investimentos externos, que se concretizou por meio de uma entrada de capitais de curto prazo, e à indefinição da política industrial

---

[314] Oliveira et al., 1993.
[315] Fiori, 1998.

e científico-tecnológica nacional, acabou ocorrendo um esvaziamento do projeto de desenvolvimento econômico, que contribuiu para alargar a distância entre o governo e o empresariado nacional, fator que acabaria por afetar a base de sustentação da aliança social-liberal.

Surgiram então no cenário nacional duas correntes políticas:[316] uma visão neo-desenvolvimentista, que defende uma maior participação do Estado nos setores produtivos e a regulamentação da concorrência com o capital estrangeiro, além de uma política industrial para fortalecer as indústrias nacionais e retomar o crescimento; e uma visão mais ortodoxa, que vê na visão anterior uma ameaça à estabilidade e se baseia na austeridade fiscal, na continuidade das privatizações e no aprofundamento da internacionalização da economia.

A crise do modelo de desenvolvimento dependente e associado aumentou a oposição ao governo e afetou a aliança social-liberal. Algumas discussões realizadas na imprensa brasileira, abordando as opiniões de José Luís Fiori[317] e Eli Diniz,[318] apontam nessa direção. Reconhecendo a necessidade de conciliar a estabilidade e o desenvolvimento econômico, os dirigentes do PSDB passaram a debater e a buscar mudanças para o modelo implementado. O presidente do PSDB, José Aníbal, pediu a Bresser-Pereira e Nakano[319] que esboçassem as diretrizes econômicas e políticas para o candidato à sucessão presidencial: José Serra.

No entanto, José Serra não logrou sucesso em rearticular a aliança social-liberal, abrindo espaço para que o PT realizasse uma composição de forças entre as lideranças de esquerda e centro-esquerda, parcelas do empresariado nacional e setores excluídos da população, o que resultou na vitória de Luiz Inácio Lula da Silva nas eleições presidenciais de 2002.

---

[316] Diniz, 2000.
[317] Duailibi, 2001.
[318] Gois, 2002.
[319] Bresser-Pereira, 2002.

# 8

# A administração pública societal

Neste capítulo, abordamos as raízes da vertente societal, enfatizando sua contribuição para a construção de uma administração pública societal. Para tanto, realizamos uma discussão dos elementos que influenciam esta visão de gestão: a busca de um novo modelo de desenvolvimento, a concepção participativa e deliberativa de democracia, a reinvenção político-institucional e a renovação do perfil dos administradores públicos.

Para analisar as diretrizes da administração pública societal, recorremos a uma abordagem normativa, mas procuramos equilibrar a idealização introduzindo uma análise dos novos formatos institucionais criados e experimentados nos governos das Frentes Populares, formadas pelos partidos de esquerda e pelo PT: os fóruns temáticos, os conselhos gestores de políticas públicas e o orçamento participativo. Vale ressaltar que o nosso objetivo não é estabelecer uma dicotomia entre a vertente gerencial e a vertente societal, pois ambas apresentam problemas e limites. Nosso esforço analítico avalia como a vertente societal tenta integrar a administração e a política no nível discursivo e prático, abrindo caminho para uma abordagem comparativa entre as vertentes.

## Um novo projeto político e a ascensão da aliança popular-nacional

A tradição mobilizadora no Brasil data do período colonial e alcançou o seu auge na década de 1960 durante o governo de João Goulart, quando a sociedade se organizou pelas reformas no país e em seguida foi reprimida pelo golpe de 1964. Estas mobilizações reemergiram na década de 1970 e reforçaram a proposta de tornar a administração pública mais permeável à participação popular.[320] Com essa herança de mobilizações sociais, nos anos 1980 emergiu a vertente societal de reforma e gestão do Estado.

Naquela época começavam a surgir as primeiras experiências que tentaram romper com a forma centralizada e autoritária de exercício do poder público.[321] O tema da participação social é o cerne dessa vertente e atingiu seu ápice no momento da elaboração da Constituinte, quando diferentes forças políticas ofereciam suas propostas para formular um novo referencial das relações entre Estado e sociedade, cada qual fundamentada na sua visão de como deveria ser a construção da democracia no Brasil.[322] As novas demandas partiam dos atores que compunham o campo dos movimentos populares, sociais, sindicais, pastorais, dos partidos políticos de esquerda e centro-esquerda e das organizações não governamentais (ONGs).[323] Esse campo também foi reforçado pelos setores acadêmicos e por entidades profissionais e representativas, como a Ordem dos Advogados do Brasil (OAB), a Associação Brasileira de Imprensa (ABI) e a Sociedade Brasileira para o Progresso da Ciência (SBPC).

Apesar de sua heterogeneidade, o campo dos movimentos centrava-se na reivindicação da cidadania e no fortalecimento do papel da sociedade civil na condução da vida política do país, pois questionava o Estado como protagonista da gestão pública, bem como a ideia de "público" como sinônimo de "estatal".[324] Assim, abriu-se espaço para um novo paradigma reformista: o "Estado-novíssimo-movimento-social",[325] que propõe a rearticulação entre o Estado e a sociedade, combinando democracia representativa e participativa.

Multiplicaram-se então pelo país governos com propostas inovadoras de gestão pública, que abrigavam diferentes experiências de participação social, construídas principalmente nos governos das Frentes Populares que começavam a ganhar maior importância no cenário político. Ampliava-se a inserção do campo dos movimentos,

---

[320] Grupo de Estudos sobre a Construção Democrática, 1999.
[321] É o caso dos mutirões de casas populares e hortas comunitárias de Lages, em Santa Catarina, e das iniciativas de participação ocorridas no governo Franco Montoro, em São Paulo e na administração José Richa, no Paraná. Para uma análise da experiência de Lages, consulte Ferreira, 1991.
[322] A literatura sobre os movimentos sociais é ampla e aborda a história e atuação dos mesmos de diversos ângulos. Como estamos interessados em focalizar sua contribuição para a gestão pública, não realizamos um balanço detalhado do fenômeno, mas o leitor interessado pode consultar as seguintes fontes: Doimo, 1995; Durham, 1984; Evers, 1984; Sader, 1988; Jacobi, 1993; Gohn, 1995; Dagnino, 1997; Carmo Carvalho, 1997; Alvarez, Dagnino e Escobar, 2000.
[323] Doimo, 1995.
[324] Sobre o público como sinônimo de estatal, consultar Keinert, 2000.
[325] Santos, 1999.

que passou a atuar por meio dos conselhos de gestão tripartite, comissões de planejamento e outras formas específicas de representação.[326] Entre as décadas de 1980 e 1990, esse campo deslocou-se para uma posição mais propositiva, que apesar de ter gerado conflitos o legitimou como participante no processo de elaboração e implementação de políticas públicas.

Vale registrar que a presença crescente da sociedade civil na construção de mecanismos institucionais de participação social junto ao Estado foi interpretada por alguns estudiosos[327] como um refluxo dos movimentos sociais, um abandono dos seus ideais revolucionários e uma adesão dos mesmos a uma perspectiva reformista. Outras análises[328] enfatizam a possibilidade de que os vícios da institucionalidade política — o clientelismo, a corrupção, o populismo, o burocratismo — se sobreponham aos princípios democratizantes que haviam impulsionado esses atores nas lutas sociais dos anos 1970 e 1980. Outros autores[329] chamam atenção para as possibilidades que o processo traz para a democratização das estruturas políticas.

A despeito da heterogeneidade do campo dos movimentos, uma concepção começou a se tornar predominante no âmbito da vertente societal: a implementação de um projeto político que procura ampliar a participação dos atores sociais na definição da agenda política, criando instrumentos para exercer um maior controle social sobre as ações estatais e desmonopolizando a definição e implementação das ações públicas. Consolidava-se assim a visão que orienta o discurso da vertente societal: a reforma do Estado não é somente uma questão administrativa e gerencial, mas sim um projeto político. A orientação foi absorvida por intelectuais de esquerda e por lideranças do PT, como Marco Aurélio Nogueira e Tarso Genro.

Segundo Marco Aurélio Nogueira, a reforma que interessa à sociedade

> só pode nascer de um projeto firmemente concentrado na substância do fenômeno estatal, não nas suas formas ou nas quantidades nele agregadas. Um projeto político, bem mais do que técnico-gerencial. Para dizer de outro modo: mais importante do que difundir no setor público uma parafernália de "novas tecnologias gerenciais", muitas vezes tomadas de empréstimo do mundo dos negócios e levemente adaptadas, é fazer com que se consolide uma nova perspectiva, quer dizer, uma nova maneira de

---

[326] Jacobi, 2000.
[327] Cardoso, 1994; Doimo, 1995.
[328] Boschi, 1987; Cardoso, 1988.
[329] Carvalho, M.C., 1997; Dagnino, 2000.

compreender o Estado e de atuar com o Estado nesse momento da história e em um país como o nosso.[330]

Na visão de Tarso Genro é preciso pensar uma nova concepção de reforma do Estado

> a partir de uma nova relação Estado-sociedade, que o abra a estas organizações sociais (à participação do cidadão isolado), particularmente àquelas que são auto-organizadas pelos excluídos de todos os matizes, admitindo a tensão política como método decisório e dissolvendo o autoritarismo do Estado tradicional, sob pressão da sociedade organizada.[331]

No discurso dos autores citados revela-se a oposição à vertente gerencial e a demanda por um novo padrão de relações entre o Estado e a sociedade. No pensamento de Tarso Genro[332] isso se consolida na defesa da "esfera pública não estatal", que está intimamente relacionada com a criação de "espaços públicos de negociação" e "espaços deliberativos". Para ele, a esfera pública não estatal não depende necessariamente do suporte da representação política tradicional, sendo constituída por milhares de organizações, locais, regionais, nacionais e internacionais que medeiam a ação política direta dos cidadãos. Além disso, seria um espaço

> no qual é possível organizar uma esfera para disputas e consenso — uma esfera pública organizada por lei, ou por contrato político, ou por ambos — para articular a representação política tradicional com a presença direta e voluntária da cidadania. Um espaço que propicie a politização da cidadania, à medida que reduza sua fragmentação, integrando demandas setoriais na cena pública.[333]

O conceito de esfera pública não estatal aqui apresentado envolve a elaboração de novos formatos institucionais que possibilitem a cogestão e a participação dos cidadãos nas decisões públicas. Nesse processo, as políticas e ações governamentais conferem identidade aos envolvidos, alteram o cotidiano da cidade e interferem na compreensão política de sua cidadania. Aqui se destacam a ação dos governos locais e a construção de novos canais de participação, como os conselhos gestores de

---

[330] Nogueira, 1998.
[331] Genro, 1997.
[332] Id., 1997, 1999 e 2000.
[333] Id., 1999.

políticas públicas, os fóruns temáticos voltados à discussão de questões variadas relacionadas com o interesse público e o orçamento participativo.

Ao longo dos anos 1990, essas experiências se manifestaram de forma fragmentada e demandavam amarração a um projeto político mais abrangente para o Estado e a sociedade, que contemplasse os seguintes elementos: um novo modelo de desenvolvimento para o Brasil; uma proposta de reorganização para o aparelho de Estado; e uma visão de gestão pública oposta ao gerencialismo.

Faltava também uma nova aliança política que ascendesse ao poder para colocar em prática o projeto. Para Tarso Genro o trânsito da experiência particular-concreta dos governos locais para os níveis superiores de gestão do Estado só poderá ocorrer com sucesso se a esquerda for capaz de, além de conquistar a confiança da maioria por meio de governos capazes e bem-sucedidos, ser portadora de uma nova vida moral e de uma nova dimensão ético-política de sua práxis.[334]

Após as derrotas nas eleições presidenciais de 1989, 1994 e 1998, o PT e Luiz Inácio Lula da Silva tiveram êxito nas eleições presidenciais de 2002, levando ao poder uma coalizão que agrega setores populares, partidos de esquerda e centro-esquerda e setores do empresariado nacional. Esta, que denominaremos aliança popular-nacional, está em processo de desenvolvimento e consolidação.

No primeiro pronunciamento feito pelo presidente eleito à nação emergiu a proposição de um modelo alternativo de desenvolvimento para o país. Nas suas palavras,

> Não há dúvida de que a maioria da sociedade votou pela adoção de outro ideal de país, em que todos tenham os seus direitos básicos assegurados. A maioria da sociedade brasileira votou pela adoção de outro modelo econômico e social, capaz de assegurar a retomada do crescimento, do desenvolvimento econômico com geração de emprego e distribuição de renda.[335]

Assim, a princípio a aliança nacional-popular se propôs a oferecer uma alternativa política ao projeto da aliança social-liberal, fazendo eco às demandas da vertente societal, que busca um projeto capaz de promover e difundir as virtudes políticas do campo dos movimentos[336] e de resgatar a dimensão sociopolítica da gestão. No início do governo Lula estava colocando o desafio de fazer com que as práticas inovadoras

---

[334] Genro, 1997 e 1999.
[335] Lula da Silva, 2002.
[336] Sobre essas virtudes, consultar Wainwright, 1998.

de gestão cultivadas pela vertente societal transcendessem a esfera local e atingissem uma esfera mais ampliada de governo.

No entanto, até o momento as expectativas não foram atendidas e o governo continua reproduzindo as práticas gerencialistas da gestão anterior. Mas é preciso considerar que as ideias e práticas da vertente societal independem das ações do governo e já alcançaram um certo grau de amadurecimento, podendo indicar alguns caminhos para a reflexão dos pesquisadores e governantes. Por isso, acreditamos ser útil realizar uma sistematização das duas visões, estruturando as diretrizes básicas do que denominaremos administração pública societal.

## Administração pública societal

Tentaremos demonstrar como a vertente societal lida com as relações entre a administração e a política no plano normativo e da experiência. No decorrer da discussão, utilizamos alguns conceitos cultivados no âmbito da vertente societal para explorar suas visões de desenvolvimento e democracia. Na sequência, avaliamos a importância da criação de formatos institucionais para facilitar a inserção popular, fazendo uma breve análise das experiências inovadoras realizadas nos governos das Frentes Populares e explorando um novo perfil para o servidor público.

### Uma nova visão do desenvolvimento

A vertente societal ainda não definiu completamente sua visão de desenvolvimento, mas tende a partilhar de um novo conceito que enfatiza a qualidade de vida e a expansão das capacidades humanas, redefinindo o que entendemos por privação e bem-estar, além de reformular as práticas e políticas que conduzem a isso.[337] Assim, o desenvolvimento é interpretado como a busca de respostas criativas para problemas que envolvem escassez de recursos e que podem ser resolvidos através do estímulo ao potencial produtivo e à participação cidadã.[338]

Além disso, o desenvolvimento está associado à capacidade cultural do país para formular um projeto nacional e mobilizar capacidade política e administrativa para implementá-lo, ainda que existam limites quanto aos recursos naturais e ao avanço das forças produtivas.[339] Essa noção de desenvolvimento se relaciona com uma visão da

---

[337] Nussbaum e Sen, 1993; Crocker, 1993.
[338] Furtado, 1998.
[339] Sachs, 1996 e 1999.

globalização que preserva o projeto nacional e se baseia nas tecnologias disponibilizadas pelo mercado para alcançar um novo patamar civilizatório.[340]

Aqui também se considera que o desenvolvimento econômico não resolve o problema político da escolha e da decisão.[341] Como trata do processo decisório, o problema está relacionado à esfera da administração, resvalando na linha tênue que separa gestão e política. Uma vez que há uma tradição de delegar à burocracia estatal a decisão e a implementação das políticas públicas, quando se insere a participação popular é fundamental discutir o que pertence ao domínio da gestão e ao domínio da política: as decisões são políticas, mas precisam levar em consideração variáveis técnicas; a implementação é gerencial, mas envolve administração de conflitos e interesses que pertencem à esfera política.

Logo, um dos desafios da gestão pública democrática é identificar as ações políticas que pertencem à esfera dos direitos de cidadania e as ações políticas necessárias à implementação das medidas pela burocracia estatal, estabelecendo em cada situação qual vai ser o papel dos cidadãos e dos burocratas. É importante notar que as políticas públicas são construções políticas e técnicas, que envolvem interesses, valores e meios de execução e devem ser tratadas a partir dessa perspectiva.

## Uma concepção participativa e deliberativa de democracia e a gestão social

Assim, busca-se criar organizações administrativas efetivas, permeáveis à participação popular e com autonomia para operar em favor do interesse público. Trata-se de estabelecer uma gestão pública que não centraliza o processo decisório no aparelho do Estado e contempla a complexidade das relações políticas, pois procura se alimentar de diferentes canais de participação, e modelar novos desenhos institucionais para conectar as esferas municipal, estadual e federal.

Constitui-se assim uma gestão social que segundo Tenório (1998)

contrapõe-se à gestão estratégica na medida em que tenta substituir a gestão tecnoburocrática, monológica, por um gerenciamento mais participativo, dialógico, no qual o processo decisório é exercido por meio de diferentes sujeitos sociais.

Para Tenório, a gestão aqui é entendida como uma ação política deliberativa, na qual o indivíduo participa decidindo seu destino como pessoa, eleitor, trabalhador

---
[340] Santos, 2000.
[341] Sobre esta questão, consultar Lafer, 1975.

ou consumidor: sua autodeterminação se dá pela lógica da democracia e não pela lógica do mercado.

Assim, emerge uma concepção de democracia que transcende a instrumentalidade e tenta abranger a dimensão sociopolítica da gestão pública. A democracia participativa pode ser definida como um sistema piramidal, com democracia direta na base e democracia por delegação nos outros níveis. Começando na vizinhança de cada cidadão, seriam eleitos, por consenso majoritário, delegados que formariam uma comissão para representar o bairro: assim se prosseguiria até o vértice da pirâmide, por meio de conselhos locais, regionais e nacionais.[342]

Esse sistema deve ser complementado pela representação partidária e seria mais eficiente quanto menores fossem as diferenças sociais e econômicas. Também seria fundamental haver um maior engajamento dos cidadãos, pois entre os requisitos para a democracia participativa estaria "a mudança da consciência do povo (ou da sua inconsciência), do ver-se e agir como essencialmente consumidor, ao ver-se e agir como executor e desfrutador da execução e desenvolvimento de sua capacidade".[343]

A visão participativa da democracia, que emergiu nos anos 1960, vem sendo atualizada pela concepção de democracia deliberativa, que se fundamenta principalmente nas contribuições mais recentes de Habermas[344] à teoria política, com destaque para a teoria da ação comunicativa e o conceito de esfera pública.[345] Baseando-se nas ideias de Habermas e outros autores, Lüchmann[346] conclui que a democracia deliberativa é um modelo ou processo que incorpora a participação da sociedade civil na regulação da vida coletiva por meio da deliberação política.

A democracia deliberativa se opõe ao modelo elitista, que concebe a democracia como o mecanismo de escolha dos representantes políticos, que equipara a dinâmica política ao jogo de mercado e que relega os cidadãos à apatia.[347] Além disso, procura transcender os limites da democracia liberal e tem como elemento central o conceito de esfera pública, que se caracteriza pela participação dos indivíduos em um espaço distinto do Estado, onde se discute problemas públicos a partir de um processo dialógico.[348] Também são incorporados novos temas de interesse público que passam a compor a pauta política.

---

[342] MacPherson, 1978.
[343] Ibid.
[344] Habermas, 1987 e 1996.
[345] Para examinar o debate recente sobre o conceito de esfera pública com base em Habermas e outros autores, consulte: Avritzer, 1996, e Grupo de Estudos sobre a Construção Democrática, 1999.
[346] Lüchmann, 2002.
[347] Ibid.
[348] Avritzer, 2000.

## Uma reinvenção político-institucional

Emerge então a importância do formato e da dinâmica institucional, pois ela vai determinar a possibilidade de haver deliberação, participação no processo decisório e cogestão. Também se redefine o papel do Estado e dos partidos políticos, que passam a criar esferas públicas e meios de implementar as medidas deliberadas. Assim,

> o êxito de uma forma deliberativa de democracia depende da criação de condições sociais e de arranjos institucionais que propiciem o uso público da razão. A deliberação é pública na medida em que esses arranjos permitam o diálogo livre e aberto entre cidadãos capazes de formular juízos informados e racionais em torno às formas de resolver situações problemáticas.[349]

Teríamos assim uma administração pública cogestionária que funcionaria pelas alternativas criadas pela engenharia institucional para a participação popular na definição de programas, projetos e gestão de serviços públicos. Isso implica em reformular a organização do Estado e elaborar novos arranjos institucionais que estimulem práticas democráticas.[350] Vale ressaltar que a ampliação da institucionalidade política também seria acompanhada de um fortalecimento da comunidade cívica.

É importante notar que a democracia depende das instituições, mas não se resume a isso. Segundo Nogueira, a democracia política moderna

> não se reduz à mera "representação", ao simples ato de escolha das elites governamentais, nem aos mecanismos e procedimentos pelos quais elas se legitimam ou são eleitas. Depende das instituições, nas quais encontra sua arquitetura. Mas só adquire vida, torna-se política, se consegue incorporar "sujeitos coletivos, capazes de reconhecer conflitos, geri-los e solucioná-los a partir de um interesse público, isto é, a partir de uma hipótese geral".[351]

Em outras palavras, as instituições precisam ser recriadas e para viabilizar essa reinvenção político-institucional é fundamental transformar as relações entre o Estado e a sociedade. Algumas experiências participativas que têm tais características estão em curso: é o caso dos fóruns temáticos, dos conselhos gestores de políticas

---

[349] Bohman, 2000.
[350] Jacobi, 2000.
[351] Nogueira, 1995.

públicas e do orçamento participativo. Essas experiências emergiram a partir da vertente societal e se diferenciam porque colocam em questão a tradicional prerrogativa do executivo estatal de monopolizar a formulação e o controle das políticas públicas, permitem a inclusão dos setores marginalizados na deliberação a respeito do interesse público e possibilitam que os diferentes interesses da sociedade sejam explicitados e negociados num espaço público transparente.

Em síntese, procuram contribuir para a construção de uma cultura política democrática nas relações entre o Estado e a sociedade. Em seguida, examinaremos os traços gerais de cada uma dessas experiências.

## Fóruns temáticos

Os primeiros fóruns temáticos surgiram no final dos anos 1980 e se constituíram em um novo tipo de espaço para o debate de problemas públicos. Eles ampliaram as experiências de discussões promovidas nas antigas Comunidades Eclesiais de Base (CEBs), pois procuram publicizar temas de interesse coletivo e articular o público interessado em contribuir para a geração de novas ideias e/ou propostas de políticas públicas: movimentos sociais, ONGs, técnicos de prefeituras e dos governos estaduais, partidos políticos, sindicatos, profissionais liberais e cidadãos interessados na temática.[352]

Os fóruns são uma experiência democrática, pois criam espaço para a discussão e o confronto de ideias, deixando que os participantes tenham acesso a um mesmo conjunto de informações e possam se solidarizar em relação aos problemas e necessidades de seus pares. Os fóruns temáticos atuam paralelamente ao poder público, pois não se envolvem no processo decisório, apenas na troca, debate e criação de ideias. Entre eles se destacam: o Fórum da Reforma Urbana, o Fórum Nacional da Participação Popular nas Administrações Municipais, o Fórum Intermunicipal da Cultura, o Fórum Ação da Cidadania, o Fórum Brasileiro de ONGs e Movimentos Sociais para o Meio Ambiente e Desenvolvimento, entre outros.

Com novo formato institucional, os fóruns temáticos possuem a vantagem da fluidez e dinamismo, desfrutando de períodos de maior e menor atividade. Além disso, como não existe a pressão pela tomada de decisões, permitem uma troca mais aberta e livre de ideias, contribuindo para o desencadeamento de processos criativos. Mas essas características criam problemas de financiamento: geralmente, são as ONGs

---

[352] Paula, 1998.

que costumam promovê-los e estas vêm enfrentando problemas para justificá-los[353] no âmbito de seus projetos.

Apesar do caráter informal dos fóruns temáticos, alguns deles ganharam muita importância na definição de pautas e políticas públicas. É o caso do Fórum da Reforma Urbana,[354] que exerceu grande influência na definição das questões urbanas na Constituinte de 1988, inclusive inserindo a ideia do direito à moradia como um direito constitucional. Outro fórum temático que se destaca é o Fórum Social Mundial (FSM),[355] que se reuniu pela primeira vez em janeiro de 2001 em Porto Alegre com o objetivo de se contrapor ao Fórum Econômico Mundial de Davos. Ele se caracteriza por ser um espaço plural, diversificado, não governamental e não partidário,[356] que se organiza em rede, agregando entidades e movimentos, locais ou internacionais.

Na primeira reunião, criou-se o Conselho Internacional do Fórum Social Mundial, que é composto por redes temáticas ou entidades que acumulam conhecimentos e experiências fundamentais para a formulação de alternativas às práticas e pensamentos neoliberais. Na segunda reunião, realizada em 2002 em Porto Alegre, ficou estabelecido que o FSM seria realizado todos os anos na mesma data da reunião de Davos e seria precedido pelos fóruns sociais regionais.

Criou-se também uma carta de princípios,[357] segundo a qual o FSM é

> um espaço internacional para a reflexão e organização de todos os que se contrapõem à globalização e estão construindo alternativas para favorecer o desenvolvimento humano e buscar a superação da dominação dos mercados em cada país e nas relações internacionais.

---

[353] Paula, 1998. A cooperação internacional é uma das principais fontes de financiamento das ONGs: na década de 1990, ocorreram mudanças nas linhas de crédito e os investimentos passaram a ser direcionados a projetos com maior cobrança de resultados. Por isso, está cada vez mais difícil aplicar recursos na promoção de fóruns temáticos.
[354] Para uma análise da história e dinâmica do Fórum da Reforma Urbana, consulte C. C. A. Silva (2002).
[355] O FSM tem entre seus articuladores as seguintes entidades: Associação Brasileira de Organizações Não Governamentais (Abong), Ação pela Tributação das Transações Financeiras em Apoio aos Cidadãos (Attac), Comissão Brasileira Justiça e Paz (CBJP) da CNBB, Associação Brasileira de Empresários pela Cidadania (Cives), Central Única dos Trabalhadores (CUT), Instituto Brasileiro de Análises Socioeconômicas (Ibase), Centro de Justiça Global (CJG) e Movimento dos Trabalhadores Rurais Sem Terra (MST).
[356] A Carta de Princípios do FSM determina que representantes de partidos, parlamentares e governantes podem participar, mas em caráter pessoal.
[357] Conselho Internacional do Fórum Social Mundial. Carta de Princípios do Fórum Social Mundial, 2001.

A Carta de Princípios também determinou o caráter não deliberativo do FSM: as entidades e participantes têm liberdade para tomar decisões e o FSM se compromete a divulgá-las, mas elas não precisam ser necessariamente acatadas por todos os participantes do fórum. O FSM organizou sua terceira reunião em 2003 em Porto Alegre e a quarta reunião em 2004 na Índia, tornando-se uma das principais formas de resistência ao pensamento neoliberal.

## Conselhos gestores de políticas públicas

Os conselhos gestores de políticas públicas surgiram nos anos 1980 durante o processo de redemocratização e foram incorporados pela Constituinte de 1988. A partir daí surgiram vários conselhos, como: Conselho Nacional da Assistência Social,[358] Conselho Nacional da Criança e do Adolescente, Conselhos da Saúde, Conselho Nacional da Educação, entre outros.

Este último tem caráter apenas consultivo e os três primeiros têm um claro papel deliberativo, pois elegem seus representantes e intervêm nas decisões públicas. Um elemento que diferencia cada conselho é a sua paridade, que é a correlação de forças e alianças que devem ser estabelecidas para consolidar um determinado projeto ou política pública. Ou seja, a paridade se refere à representação da sociedade e do Estado no conselho constituído, visando maior igualdade entre as partes. Vários autores vêm estudando esta questão.[359]

A ideia de conselho é antiga, a novidade desta experiência está no caráter deliberativo e na sua dimensão político-institucional.[360] Além disso, a instituição dos conselhos consiste em uma etapa da reforma do Estado, não só em termos institucionais e administrativos, mas ao tentar introduzir uma nova cultura que rompa com a tradição patrimonialista e clientelística da administração pública brasileira, estabelecendo um papel mais ativo para a sociedade na formulação e implementação das políticas públicas.[361]

Apesar da contribuição para a gestão democrática, permanecem alguns desafios para a inserção dos conselhos gestores. Primeiro, é preciso evitar corporativismos, construindo uma base de representação que abrigue o maior número possível de interessados, além de captar financiamento para compor sua infraestrutura e prover a capacitação dos conselheiros.[362] Essa questão da capacitação é fundamental, pois a

---

[358] Para um estudo aprofundado sobre o Conselho de Assistência Social, consultar Raichelis, 2000a.
[359] Villas-Boas, 1994; Carvalho e Teixeira, 2000; e Raichelis, 2000a.
[360] Gohn, 2000.
[361] Teixeira, 2000b.
[362] Teixeira, 2000a; Cruz, 2000.

atuação do conselheiro é comprometida se ele não tem conhecimento da estrutura de funcionamento da máquina estatal e dos caminhos para converter leis em políticas públicas.[363]

Também é necessário garantir a sintonia entre o conselho e os interesses sociais, pois em alguns casos observa-se um distanciamento do conselho em relação às bases populares.[364] Logo, é importante criar novos arranjos institucionais que estimulem a mobilização social e possibilitem maior inserção da sociedade nos conselhos. Por outro lado, a amarração entre as esferas de governo também é um fator crucial, pois os conselhos verticalizados[365] têm maior alcance político, penetração intersetorial e oportunidade de transcender restrições orçamentárias.

## Orçamento participativo

O orçamento participativo se originou da experiência do conselho popular do município de Vila Velha, Espírito Santo, em 1985,[366] e consiste na participação da população em discussões e definições do orçamento público. A experiência pretende romper com a tradição patrimonialista de gestão do orçamento público e também com o monopólio tecnocrático das decisões orçamentárias.[367] Vários governos das frentes populares, compostas pelo PT e outros partidos de esquerda, implementaram o orçamento participativo: os municípios de Mauá, Ribeirão Pires, Santo André,[368] Distrito Federal, Recife[369] e Belo Horizonte[370] são exemplos. No entanto, o caso de Porto Alegre é um dos que mais se destaca, pois é uma experiência amadurecida, que teve início após as eleições de 1988 e se transformou em uma das políticas centrais do município.

O orçamento participativo de Porto Alegre[371] é constituído por uma base geográfica que divide a cidade em 16 regiões e por uma base temática que engloba oito

---

[363] Bonfim, 2000.
[364] Raichelis, 2000b; Bava, 2000; Tatagiba, 2002.
[365] É o caso do Conselho da Saúde, que conta com conselhos municipais (mais de 4 mil), conselhos estaduais e o Conselho Nacional. Sobre essa questão, consulte Rodrigues dos Santos (2000).
[366] Carvalho e Felgueiras, 2000.
[367] Fedozzi, 1996.
[368] Para uma análise do orçamento participativo nos três municípios do ABC paulista, consulte Carvalho e Felgueiras, 2000.
[369] Para uma análise do caso de Recife, consulte Wampler, 1999.
[370] Um estudo do orçamento participativo em Belo Horizonte foi realizado por Avritzer, 2002.
[371] Para fazer a descrição nos baseamos em Fedozzi (1996), Avritzer (2002), Genro e Souza (1997) e Santos (1998), que realizam uma análise detalhada da experiência.

assuntos, que são saneamento básico, política habitacional, pavimentação comunitária, educação, assistência social, saúde, transporte e circulação e organização da cidade. O processo de participação ocorre da seguinte maneira:

- primeira rodada — realiza-se uma plenária pública em cada região e também cinco plenárias temáticas nas quais são discutidas as diretrizes setoriais do município. A mesa de trabalhos é composta pelo prefeito, o coordenador regional do orçamento participativo e os conselheiros da região ou da plenária temática. O governo então presta contas do orçamento realizado, e em cada plenária há uma avaliação da prestação de contas e também a eleição dos delegados[372] que coordenarão os trabalhos junto com os conselheiros;
- rodada intermediária — cada região se reúne para definir suas prioridades temáticas e participa das plenárias temáticas para estabelecer as diretrizes para as políticas setoriais;
- segunda rodada — o governo apresenta os grandes agregados da despesa (gastos com pessoal, consumo, serviços de terceiros) e a estimativa de receita. Em cada plenária regional são escolhidos por eleição direta dois conselheiros e dois suplentes para representar a região e em cada plenária temática dois conselheiros e dois suplentes para representar a temática. Compõe-se assim o conselho do orçamento participativo,[373] formado por 32 conselheiros regionais e 10 conselheiros temáticos. Cada região apresenta suas prioridades temáticas para o Gabinete de Planejamento (Gaplan), hierarquizando os serviços e obras necessários e cada plenária temática entrega um documento que sistematiza as diretrizes e prioridades das políticas setoriais de serviços e obras estruturais;
- reunião do conselho do orçamento participativo e aprovação do orçamento público — o Gaplan consolida os dados obtidos, pondera as prioridades do município e das regiões, avaliando tudo de acordo com as restrições orçamentárias. A matriz orçamentária resultante é discutida e deliberada no conselho do orçamento participativo. Em seguida, o Gaplan faz a redação final do orçamento público e envia para a Câmara de Vereadores. Enquanto a proposta é discutida e votada pelos vereadores, o Gaplan elabora o plano de investimentos para o próximo exercício.

---

[372] Para um detalhamento dos critérios de eleição dos delegados e também dos conselheiros, consulte Genro e Souza, 1997.
[373] Segundo Genro e Souza (1997), o Conselho do Orçamento Participativo tem um total de 44 conselheiros. Além dos 42 mencionados, também integram o conselho um representante da União das Associações de Moradores de Porto Alegre (Uampa) e um representante do Sindicato dos Municipários de Porto Alegre (Simpa). Os coordenadores do Gaplan e da Coordenação de Relações com a Comunidade (CRC) fazem parte do conselho, mas não têm direito a voto.

Essa dinâmica participativa revela uma combinação de mecanismos representativos e diretos de participação, bem como a criação de arranjos institucionais para possibilitar a inserção social. Também é evidente a tentativa de integração entre os aspectos técnicos e políticos da elaboração do orçamento público: busca-se tornar assuntos burocráticos mais claros para a população. Além dessa transparência, também temos uma abertura do governo ao controle social por meio da prestação pública de contas e o convite ao debate dos investimentos e prioridades.

É verdade que se decide sobre uma parcela pequena do orçamento, pois a maior parte se encontra comprometida com os gastos fixos do município. Os analistas afirmam que a parcela varia de acordo com o município, mas como se refere ao que resta do orçamento para investimentos em obras e infraestrutura, gira em torno de 1%.[374] No entanto, há um impacto positivo no que se refere à cultura política, com tendência a tornar-se mais democrática e participativa. Por isso, o orçamento participativo imprime uma nova dinâmica na elaboração do orçamento público, que deixa de ser um monopólio do Poder Executivo e do Poder Legislativo para incluir a participação cidadã. Criando espaços de discussão e combinando mecanismos de democracia direta e representativa, o orçamento participativo é uma experiência de democracia deliberativa[375] e tenta promover um deslocamento da cultura tecnoburocrática para tecnodemocrática.[376]

As experiências de orçamento participativo diferem no que se refere à organização da participação e critérios, pois cada município procura determinar a melhor forma de conduzir a política pública. Além disso, seu perfil está condicionado à história associativista do município[377] e ao modo como o governo induz a participação.[378] Outros fatores determinantes são o grau de experiência administrativa da equipe do governo; seu conhecimento da máquina pública e da realidade tributária do município e a clareza quanto ao que se espera dos processos participativos.[379]

Essas especificidades dificultam comparações, mas a contraposição de experiências pode lançar luz sobre seus limites e potencialidades. Um estudo comparativo dos orçamentos participativos de Mauá, Ribeirão Pires e Santo André[380] revelou que

---

[374] Fedozzi, 1996; Avritzer, 2002.
[375] Lüchmann, 2002.
[376] Santos, 1998.
[377] Quando se analisa a experiência de Porto Alegre, a tradição associativista do município emerge como uma grande influência na cultura política e, consequentemente, na forma como se implementam políticas como o orçamento participativo. Sobre esta questão, consultar Baierle, 2000.
[378] Abers, 1998.
[379] Carvalho e Felgueiras, 2000.
[380] Ibid.

alguns fatores têm um impacto positivo no que se refere ao alargamento da participação: a estabilidade e a transparência das regras; a articulação com outros espaços participativos,[381] a participação do conselho popular do município,[382] o estabelecimento de critérios de equidade entre regiões e a possibilidade de monitorar a execução orçamentária.

O orçamento participativo também tem sido objeto de críticas: alguns autores consideram que há uma predominância do Poder Executivo no processo, uma dependência em relação às autoridades municipais para a continuidade da experiência e o risco de se criar corporativismos locais.[383] Outra questão polêmica é a disputa de espaço político entre o orçamento participativo e as câmaras de vereadores.[384] Na realidade, não deveria existir um conflito por poder, mas uma redefinição de papéis, pois a integração entre a democracia direta exercida pelos cidadãos e a representação realizada pelo Poder Legislativo ajuda a ampliar a participação democrática.

Esses limites requerem mais pesquisa e também capacidade dos atores para reelaborar a própria experiência. Apesar disso, é importante levar em consideração o potencial de criação de arranjos institucionais presente no orçamento participativo e utilizá-lo como referência para refletir sobre outros processos decisórios de interesse público.

## Jm novo tipo de gestor público

A vertente societal também tenta realizar uma mudança na formação e atuação da burocracia pública. Durante o processo de transição democrática, a emergência da dimensão sociopolítica da gestão trouxe para a pauta a questão[385] de quem estaria qualificado para realizar as tarefas relacionadas com os problemas sociais tais como saúde, educação, moradia e nutrição. Essa questão está diretamente relacionada com a dificuldade de se criar uma tecnologia social passível de ser implementada, sem comprometer o que desenvolveram de melhor: a combinação entre o saber acadêmico e a crítica social, que também tem relação com a resistência dos cientistas sociais

---

[381] Carvalho e Felgueiras, 2000. Um exemplo é a articulação entre orçamentos participativos municipais estudados e os seguintes espaços participativos da região do ABC: o Consórcio Intermunicipal, Fórum da Cidadania, Câmara do ABC e Agência de Desenvolvimento.
[382] Ibid. Um exemplo é a experiência de Mauá, que se destaca pela articulação do orçamento participativo com o Conselho Popular do Município.
[383] Villas-Boas, 1994; Navarro, 1999.
[384] A questão é discutida por Santos, 1998, e Wampler, 1999.
[385] Schwartzman, 1997.

em se dedicarem às ciências aplicadas e das áreas em criarem oportunidades para cientistas sociais.

No campo da administração costuma haver uma clara divisão de tarefas. Há os professores voltados para a prática, que transitam entre o setor acadêmico e o empresarial, tentando dar aos alunos um sentido aplicado de suas profissões e há os professores voltados para a teoria, que procuram manter a qualidade intelectual dos cursos.[386] Tal dicotomia vem contribuindo para reduzir o prestígio da sociologia das organizações no meio acadêmico e coloca os estudiosos da área em uma posição marginal: não se integram completamente nem nos institutos de ciências sociais e nem nas escolas de *business*.[387]

Por outro lado, o ensino da administração vem enfrentando uma crise de identidade, pois pactua com a padronização promovida pelo movimento gerencialista e distancia-se da formação de administradores éticos e responsáveis. Assim, o ensino de graduação, pós-graduação e a preparação de docentes necessita passar por um amplo processo de revisão, que envolve mudanças nas técnicas de aprendizagem e pesquisa.[388]

Apesar dos limites, a prática e o ensino da administração pública vêm seguindo os mesmos parâmetros utilizados para a formação de gerentes de empresas. A novidade ficou por conta da capacitação promovida no âmbito dos movimentos sociais e das ONGs, pois aqui se enfatizou uma qualificação técnica e também política,[389] além de uma tradução da linguagem burocrática para a popular.[390] Um estudo sobre as pessoas que se engajavam na melhoria da qualidade de vida da sociedade demonstrou que muitos dos ativistas dos centros populares do período ditatorial, dos movimentos sociais e das ONGs acabaram fazendo disso sua ocupação principal: surgia a "profissão sem nome".[391] A tentativa de integração entre a visão administrativa e a visão política tornou o perfil dos adeptos da "profissão sem nome" desejável para o gestor que atua no contexto da administração pública societal.

Assim, o ideal de burocracia insulada deixa de ser o caminho para assegurar o interesse público. De acordo com Nogueira é difícil

---

[386] Schwartzman, 1991.
[387] Parker, 2000.
[388] Paula, 2001.
[389] Carvalho, M.C., 1997.
[390] Paula, 1998.
[391] Landim, 1993.

imaginar um Estado sendo conclamado a liderar o desenvolvimento e ao mesmo tempo estruturando uma burocracia profissional "insulada". Ou um Estado cujos governos atuam sem maiores "redes de proteção" institucionais e são impelidos a estabelecer uma interlocução direta com as massas da sociedade, e ao mesmo tempo estimulem a configuração de um aparato administrativo tipicamente racional-legal.[392]

É necessário um programa de valorização, formação e treinamento de administradores públicos que crie especialistas tecnopolíticos capazes de pesquisar, negociar, aproximar pessoas e interesses, planejar, executar e avaliar. Os gestores também precisam ser capazes de refletir sobre as crises e as mudanças na economia, na cultura e na política. Para a gestão pública hoje não é mais suficiente o desenvolvimento de técnicas e a formulação de sofisticados programas administrativos. Trata-se de lidar com uma complexidade que requer uma visão mais estratégica, cooperativa, participativa e solidária,[393] o que requer um gestor público com habilidades de negociação e capacidade de operar na fronteira tênue entre a técnica e a política, desenvolvendo ações voltadas para os problemas da democracia, da representação e da participação. O trabalho deste gestor

> terá tanto mais relevo quanto mais colaborar para que se rompa categoricamente o hiato entre técnica e política, quanto mais ajudar a desmontar a técnica como coisa neutra, autônoma, fatal e invencível, quanto mais compreender que as soluções por ele buscadas dependem de um devir coletivo complexo.[394]

## Algumas questões para reflexão

Neste capítulo, discutimos algumas diretrizes da administração pública popular a partir de visões partilhadas pela vertente societal e de experiências realizadas por governos alinhados à mesma. Constatamos que suas manifestações ainda são locais e fragmentárias, trazendo a questão de como articular essas ideias e práticas em um projeto global de reforma do Estado. Esse é o desafio colocado para a aliança popular-nacional, pois a implementação de um novo modelo de desenvolvimento requer uma reestruturação do aparelho do Estado e também uma nova forma de geri-lo.

---

[392] Nogueira, 1998.
[393] Ibid.
[394] Ibid.

Emerge aqui a questão de como inserir a lógica presente nos fóruns temáticos, nos conselhos gestores e no orçamento participativo no âmbito do governo federal.

Apesar dos limites apontados, as experiências analisadas geram alguns subsídios para reflexão. Vimos que a reinvenção político-institucional é fundamental para transformar as relações entre o Estado e a sociedade, mas é importante destacar que ela está desafiada a combinar ação e estrutura, política e técnica, de forma que não ocorra uma cristalização e rigidez da instituição criada — é preciso conciliar a estabilidade de instituição e a dinâmica de movimento social. Logo, um aparelho do Estado com características participativas deve permitir a infiltração do rico e complexo tecido mobilizador, garantindo a legitimidade das demandas populares. Para tanto, é preciso criar arranjos institucionais que organizem a participação nas diferentes esferas governamentais e que sejam dinâmicas o suficiente para absorver as tendências cambiantes inerentes à democracia.

Será que esta criação e combinação de formatos institucionais configura um caminho para reestruturar o aparelho do Estado e também imprimir a ele uma nova dinâmica? Possivelmente, a formulação, a regulação e a execução das políticas públicas se tornariam mais democráticas se fossem criados conselhos, fóruns e outras instituições que permitam a deliberação e o controle social. Mas a concretização dessas mudanças depende da maneira como o Estado e a sociedade brasileira irão se articular para determinar seus papéis e espaços.

A aliança popular-nacional vem enfrentando o desafio dessa articulação, além da dificuldade de alterar as históricas restrições impostas pela lógica de funcionamento da máquina estatal e a tendência à cultura política autoritária e patrimonial. Apesar das experiências inovadoras de gestão pública cultivadas pela vertente societal, o que tem se observado é a manutenção dos arranjos institucionais impostos pela última reforma do Estado e uma reprodução das práticas gerencialistas.

A despeito dos limites da experiência da vertente gerencialista, não há no cenário político um movimento articulado no sentido de estabelecer uma nova reforma do Estado e nem sinalização de recuperação dos fóruns tripartites (Estado, empresários e trabalhadores) para a deliberação das políticas públicas e setoriais. Há esforços no que se refere ao desenho de um novo modelo de desenvolvimento, mas ainda poucos avanços práticos quanto a uma democracia participativa e a renovação do perfil dos administradores públicos. Por outro lado, a inventividade político-institucional desenvolvida nas esferas locais continua subaproveitada e desarticulada de um projeto maior para o Estado brasileiro.

É verdade que o governo da aliança nacional-popular está passando por um processo de aprendizagem, mas não há como negar o distanciamento em relação ao projeto político da vertente societal. No entanto, também é preciso considerar que a vertente societal apresenta limites no que se refere às suas propostas para a reforma do Estado que vêm favorecendo a permanência das ideias da vertente gerencial. Na conclusão deste livro, analisamos, em uma perspectiva comparada, a administração pública gerencial e a administração pública societal para apontar os limites e pontos positivos de cada um dos modelos de gestão, além de propor uma agenda de pesquisa para futuras investigações.

# Conclusão

Neste livro, abordamos os desafios da construção de uma gestão pública democrática, enfatizando a importância da inserção da dimensão sociopolítica na reforma e na administração do Estado. Analisamos os limites da nova administração pública e focalizamos o caso brasileiro, examinando os desdobramentos da vertente gerencial. Constatamos que a nova administração pública não conseguiu transcender a dicotomia entre a política e a administração, pois sua estrutura e características dificultam a infiltração das demandas populares e uma efetiva participação social. Também verificamos que, no Brasil, a adesão à nova administração pública contribuiu para se continuar reproduzindo as características autoritárias que permeiam a história político-administrativa do país.

Em contraposição, examinamos as propostas e ações da vertente societal, apontando suas potencialidades em relação à reinvenção político-institucional e integração entre a política e a administração. Verificamos também que a expectativa de que esta nova abordagem de gestão pública se tornasse a marca do governo da aliança nacional-popular não se concretizou, pois até o momento o que se observa é uma continuidade das propostas da vertente gerencial. Na realidade, a vertente societal não apresenta a mesma clareza e consenso da vertente gerencial em relação aos objetivos e características de seu projeto político. Por isso, não foi possível listá-los como fizemos para a vertente gerencial, mas apesar disso é possível fazer uma tentativa de abordagem comparativa entre os dois modelos de gestão pública apresentados neste livro, discutindo os limites e os pontos positivos de cada um.

Para examinar os modelos, resgatamos as três dimensões fundamentais para a construção de uma gestão pública democrática, que foram apresentadas na introdução deste livro: a dimensão econômico-financeira, a dimensão institucional-administrativa e a dimensão sociopolítica. O exame da literatura demonstrou que no que se refere à vertente gerencial, a ênfase recai principalmente nas dimensões econômico-financeira e institucional-administrativa. Já a vertente societal volta-se para a dimensão sociopolítica. A vertente gerencial, que está imbricada com o projeto político do ajuste estrutural e do gerencialismo, se baseia nas recomendações dessas correntes para reorganizar o aparelho do Estado e reestruturar a sua gestão, focando as questões administrativas. A vertente societal, por sua vez, enfatiza a participação social e procura estruturar um projeto político que repense o modelo de desenvolvimento brasileiro, a estrutura do aparelho do Estado e o paradigma de gestão.

O fato de cada uma ocupar um dos extremos do debate reflete a clássica dicotomia entre a política e a administração, que circunda a gestão pública. Além disso, a análise realizada revelou que a vertente societal não tem propostas completamente acabadas para as dimensões econômico-financeira e institucional-administrativa e também que a vertente gerencial lida com a dimensão sociopolítica predominantemente no nível do discurso.

É possível fazer essa constatação pela análise comparativa dos modelos de gestão apresentados. Para tanto, identificamos algumas variáveis cruciais para a compreensão do funcionamento e intenções políticas de cada uma das vertentes. A primeira variável é a origem dos modelos. A segunda e a terceira variáveis são o projeto político e as dimensões estruturais enfatizadas na gestão. As demais variáveis são a organização administrativa do aparelho do Estado, a abertura das instituições políticas à participação social e o modelo de gestão. O quadro 3 sintetiza a análise comparativa realizada para cada uma das variáveis.

Vale a pena discutir mais detalhadamente as três últimas variáveis, reforçando os limites da abordagem gerencial e salientando os pontos que ainda precisam ser desenvolvidos na abordagem societal. No que se refere à organização administrativa do aparelho do Estado, verificamos que a vertente gerencial tem um plano claro com objetivos definidos. Já a vertente societal não evoluiu na construção de uma proposta alternativa, pois na investigação que realizamos não encontramos uma nova proposta para a organização do aparelho do Estado.

O que verificamos examinando a literatura é que, ao contrário da vertente gerencial, que estabelece um modelo federal a ser reproduzido nas diversas estâncias governamentais, temos uma focalização na organização local de experiências alternativas de gestão. De qualquer forma, a ausência de uma elaboração da vertente societal para o aparelho do Estado contribui para a permanência da proposta gerencial. Por outro lado, é preciso reconhecer que uma nova elaboração implicaria em outra reforma administrativa com todas as dificuldades políticas que isso representa. No entanto, há que se considerar a possibilidade, pois a continuidade do modelo gerencial impossibilita mudanças na cultura política, uma vez que condiciona a forma como a gestão do aparelho do Estado é realizada.

## Quadro 3
### Variáveis observadas na comparação dos modelos

| Variável | Administração pública gerencial | Administração pública societal |
|---|---|---|
| Origem | Movimento internacional pela reforma do Estado, que se iniciou nos anos 1980 e se baseia principalmente nos modelos inglês e estadunidense. | Movimentos sociais brasileiros, que tiveram início nos anos 1960 e desdobramentos nas três décadas seguintes. |
| Projeto político | Enfatiza a eficiência administrativa e se baseia no ajuste estrutural, nas recomendações dos organismos multilaterais internacionais e no movimento gerencialista. | Enfatiza a participação social e procura estruturar um projeto político que repense o modelo de desenvolvimento brasileiro, a estrutura do aparelho de Estado e o paradigma de gestão. |
| Dimensões estruturais enfatizadas na gestão | Dimensões econômico-financeira e institucional-administrativa. | Dimensão sociopolítica. |
| Organização administrativa do aparelho de Estado | Separação entre as atividades exclusivas e não exclusivas do Estado nos três níveis governamentais. | Não tem uma proposta para a organização do aparelho de Estado e enfatiza iniciativas locais de organização e gestão pública. |
| Abertura das instituições políticas à participação social | Participativo no nível do discurso, mas centralizador no que se refere ao processo decisório, à organização das instituições políticas e à construção de canais de participação popular. | Participativo no nível das instituições, enfatizando a elaboração de estruturas e canais que viabilizem a participação popular. |
| Abordagem de gestão | Gerencialismo: enfatiza a adaptação das recomendações gerencialistas para o setor público. | Gestão social: enfatiza a elaboração de experiências de gestão focalizadas nas demandas do público-alvo, incluindo questões culturais e participativas. |

No que se refere à abertura das instituições à participação social, quando analisamos a vertente gerencial, constatamos uma clara concentração do poder no núcleo estratégico. Há uma crença na eficiência do controle social, uma delegação da formulação de políticas públicas para os burocratas das secretarias de governo e uma atribuição da execução às agências executivas, a terceiros ou às organizações sociais. Assim, verificamos que o controle social é idealizado, pois na prática não há a transparência esperada e nem mecanismos para que o controle ocorra. Outro sinal do caráter da participação social na estrutura e dinâmica governamental da vertente gerencial é a ênfase no engajamento da própria burocracia pública ou dos quadros das organizações sociais no processo de gestão. A estrutura e a dinâmica do aparelho de Estado pós-reforma não apontam os canais que permitiriam a infiltração das demandas populares.

Dessa forma, inexiste um canal de mediação entre as entidades e a cúpula governamental, evidenciando que está colocado o desafio de se elaborar arranjos institucionais para viabilizar uma maior participação dos cidadãos na gestão pública. Destaca-se a importância do formato e da dinâmica institucional que vai determinar a possibilidade de haver deliberação e participação no processo decisório. O ideal seria uma administração pública cogestionária, que realizasse arranjos institucionais capazes de inserir a participação popular na definição de programas, projetos e gestão de serviços públicos, o que implica em reformular a organização do Estado e elaborar novos arranjos institucionais que estimulem práticas democráticas.

No âmbito da vertente societal, verificamos algumas experiências participativas que têm essas características, como os fóruns temáticos, os conselhos gestores de políticas públicas e o orçamento participativo. Uma análise da literatura pertinente demonstra que essas experiências se diferenciam porque procuram contribuir para a construção de uma cultura política democrática nas relações entre o Estado e a sociedade, combinando ação e estrutura, política e técnica. Mas também verificamos que essas manifestações apresentam limites, pois são locais, fragmentárias e desarticuladas de um projeto global para reforma do Estado. Depreende-se da análise realizada que um aparelho do Estado com características participativas deve permitir a infiltração do tecido mobilizatório e para isso devem ser criados arranjos institucionais que viabilizem e legitimem a participação popular nas diferentes esferas de governo.

Quanto à abordagem de gestão, o exame dos programas administrativos implementados pelo Mare nos informa sobre a natureza gerencialista dos mesmos. Verificamos que, de um modo geral, a aplicação do gerencialismo no setor público se faz sob o argumento da eficiência de suas proposições, mesmo que no setor privado sua eficiência venha sendo crescentemente questionada. Também constatamos que a administração pública gerencial partilha do esquematismo gerencialista, que dificulta o tratamento da relação entre os aspectos técnicos e políticos da gestão. Por outro lado, a primazia das dimensões econômico-financeira e institucional-administrativa da gestão coloca em jogo seu grau de inovação e de comprometimento com a participação cidadã. Por ser demasiado rígido para capacitar o Estado na expansão dos meios de interlocução com a sociedade e por enfatizar predominantemente a eficiência administrativa, esse modelo de gestão não vem se mostrando apto para lidar com a complexidade da vida política.

Além disso, ao imitar a administração do setor privado, a administração pública gerencial posterga a elaboração de ideias, modelos e práticas administrativas que atendam às especificidades do setor público e a demanda por participação popular. A vertente societal, por sua vez, embora esteja circundada por experiências que vão além das recomendações gerencialistas, como o orçamento participativo e várias iniciativas de gestão pública que incorporam questões culturais e de inclusão social, ainda não conseguiu consolidar alternativas para a gestão dos sistemas de *management*.

Talvez um exame aprofundado do banco de dados do programa "Gestão pública e cidadania", tendo como critério a inovação no que se refere aos arranjos institucionais que viabilizam a participação social e que relativizem o conceito de eficiência, possa apontar caminhos para romper com a lógica gerencialista. De qualquer forma, vale notar que a vertente societal se insere na perspectiva de uma gestão social[395] que tenta substituir a gestão tecnoburocrática por um gerenciamento mais participativo, no qual o processo decisório inclui os diferentes sujeitos sociais. Como vimos, a gestão social é entendida como uma ação política deliberativa, na qual o indivíduo participa decidindo seu destino como pessoa, eleitor, trabalhador ou consumidor.

No que se refere à gestão e à organização do funcionalismo público, a vertente societal também não tem uma proposta consolidada para os escalões governamentais. Apesar disso, a capacitação promovida no âmbito dos movimentos sociais e das ONGs merece atenção, pois enfatiza uma qualificação técnica e também política, além de uma tradução da linguagem burocrática para a popular. Tal capacitação se dirige para uma maior integração entre as visões administrativa e política e demonstra que o ideal da burocracia insulada não é um caminho para assegurar o interesse público, pois há um conflito entre a interlocução direta com a sociedade e a configuração de um aparato administrativo tipicamente racional-legal. Logo, emerge um novo perfil para o gestor público, que envolve habilidades de negociação, capacidade de operar na fronteira entre a técnica e a política e vocação para desenvolver ações que se voltem para os problemas democráticos, como a representação e a participação.

O exame dos modelos de gestão a partir das variáveis isoladas nos permitiu cumprir nosso objetivo, que era estabelecer uma comparação entre os mesmos. Ao realizar a comparação, não tivemos a intenção de fazer uma abordagem dicotômica, mas sim apontar caminhos para a gestão pública democrática a partir dos limites e possibilidades das experiências de cada uma das vertentes. Além disso, não pretendemos colocar em questão a necessidade de ferramentas gerenciais para administrar o setor público, mas apenas chamar atenção para a importância de se desenvolver

---

[395] Tenório, 1998.

experiências adequadas ao interesse público ao invés de imitar modelos padronizados gerados no âmbito empresarial.

Essa comparação está sintetizada no quadro 3, do qual emerge a contraposição entre duas abordagens de gestão que precisam ser ainda mais exploradas: o gerencialismo e a gestão social. A análise também nos possibilitou sistematizar os limites e pontos positivos de cada um dos modelos, que apresentamos no quadro 4.

### Quadro 4
### Limites e pontos positivos dos modelos de gestão analisados

| Modelo | Limites | Pontos positivos |
|---|---|---|
| Administração pública gerencial | ❏ Centraliza o processo decisório e não estimula a elaboração de instituições políticas mais abertas à participação social.<br>❏ Enfatiza mais as dimensões estruturais do que as dimensões sociais e políticas da gestão.<br>❏ Implementou um modelo de reforma e gestão pública que não foi construído no país. | ❏ Possui clareza em relação à organização do aparelho de Estado e métodos de gestão.<br>❏ Alguns métodos gerencialistas vêm melhorando a eficiência do setor público, especialmente no campo econômico-financeiro. |
| Administração pública societal | ❏ Não tem uma proposta nova para a organização do aparelho de Estado.<br>❏ Não elaborou mais sistematicamente alternativas de gestão coerentes com seu projeto político.<br>❏ Não conseguiu ainda desenvolver uma estratégia que articule as dimensões econômico-financeira, institucional-administrativa e sociopolítica da gestão pública. | ❏ Procura elaborar um projeto de desenvolvimento que atenda aos interesses nacionais.<br>❏ Está construindo instituições políticas e políticas públicas mais abertas à participação social e voltadas para as necessidades dos cidadãos. |

O quadro 4 apresenta um contraste entre o centralismo e o estruturalismo da administração pública gerencial e a abertura e dinamismo da administração pública societal. É bastante tentador dizer que os modelos se complementam, mas seria uma análise reducionista, pois desconsidera como as diferenças entre as origens e projetos políticos de cada um dos modelos repercutiram na forma como conduzem a organização e a gestão. Por outro lado, é importante notar que embora a vertente societal priorize a dimensão sociopolítica da gestão, ela também faz suas incursões no domínio da dimensão institucional-administrativa já que elabora novos arranjos institucionais e de gestão.

No que se refere à dimensão econômico-financeira trata-se de superar o paradigma econômico na condução da gestão pública, questão que foi discutida no passado por Guerreiro Ramos[396] quando ele propõe o paradigma paraeconômico, esclarecendo que existem outras formas de organização além das econômicas, como é o caso das isonomias e fenonomias, e propondo a elaboração de um novo modelo de alocação dos recursos públicos para contemplá-las.

Com este livro tentamos contribuir para o avanço da discussão sobre a administração pública societal. Obviamente, nosso esforço está pontuado por limites, pois este não é um modelo completamente amadurecido de gestão pública e há dimensões de análise que não foram examinadas aqui. Por este motivo, elaboramos uma agenda de pesquisa para guiar a continuidade dos estudos no campo. Como verificamos, as experiências societais estão introduzindo inovações na cultura política e no modo de gerir o interesse público, mas ainda demandam reflexão sobre os seguintes pontos:

- o equilíbrio e as interações entre o Executivo, o Legislativo e os cidadãos;
- o impacto das novas experiências na qualidade de vida dos cidadãos e na redução das desigualdades;
- o modo como a cultura política é alterada, a participação social é estimulada e novos formatos institucionais e administrativos são criados;
- a interferência da falta de vontade política e dos entraves burocráticos na partilha de poder;
- os caminhos para viabilizar a capacitação técnica e política dos funcionários públicos e dos cidadãos;
- a elaboração de uma nova proposta para a organização administrativa do aparelho de Estado;
- a necessidade de sistematizar as experiências alternativas de gestão que contemplem os aspectos técnicos e políticos;
- a busca por um equilíbrio entre as dimensões econômico-financeira, institucional-administrativa e sociopolítica;
- as referências teóricas que ajudam a melhor compreender os processos políticos e administrativos estudados, como é o caso da teoria das redes interorganizacionais.

Também tentamos defender que a administração pública tem uma lógica própria, requerendo o desenvolvimento de técnicas de gestão adequadas, além de uma formação específica para os gestores públicos. De um modo geral, constatamos que a

---

[396] Ramos, 1983.

gestão pública democrática tende a romper com os modelos administrativos e fórmulas prontas, pois estes não são capazes de refletir a complexidade dos processos políticos e sociais. No âmbito democrático, a estabilidade das instituições é garantida pela legitimidade pública, que é obtida através da construção cotidiana das organizações, das regras e da negociação de interesses.

Isso desafia os governantes, pesquisadores, intelectuais e docentes a realizarem uma combinação entre a administração e a política, humanizando o *management* e preservando o caráter crítico das ciências sociais. Dessa forma, ainda que o movimento gerencialista tenha tomado para si a intenção de fundar uma nova administração pública, ainda é um projeto em construção. No entanto, também não pretendemos afirmar que seja a marca distintiva da vertente societal, pois a disputa pelo rótulo "nova administração pública" é antiga: há cerca de 30 anos Guerreiro Ramos já discutia a questão.[397]

Em sua costumeira irreverência, ele nos deu profeticamente a resposta que hoje buscamos: a nova administração pública é aquilo que cotidianamente ignoramos como administradores públicos. Ela deve ser essencialmente não prescritiva e se orientar para o curso de ações e necessidades dos cidadãos em um dado momento, evitando os enfoques normativos e subordinando a teoria das organizações à teoria do desenvolvimento humano. Em outras palavras, a nova administração pública está sempre em processo de reinvenção e enquanto houver vitalidade democrática permanecerá como um projeto inacabado.

---

[397] Ramos, 1970.

# Referências bibliográficas

ABERS, R. Local government participatory policy and civic organizing in Porto Alegre, Brazil. *Politics & Society*, v. 26, n. 4, p. 511-537, Dec. 1998.

ABRAHAMSON, E. Managerial fads and fashions: the diffusion and rejection of innovations. *Academy of Management Review*, n. 6, p. 586-612, 1991.

_____. Management fashion. *Academy of Management Review*, v. 21, n. 1, p. 254-285, 1996.

ABRUCIO, F. L. O impacto do modelo gerencial na administração pública. Um breve estudo sobre a experiência internacional recente. *Cadernos Enap*, n. 10, 1997.

_____. Os avanços e os dilemas do modelo pós-burocrático: a reforma da administração pública à luz da experiência internacional. In: BRESSER-PEREIRA, L. C.; SPINK, P. (Orgs.). *Reforma do Estado e administração pública gerencial*. Rio de Janeiro: FGV, 1998.

_____; COSTA, V. M. F. *Reforma do Estado e contexto federativo brasileiro*. São Paulo: Konrad-Adenauer-Stiftung, 1998.

ALVAREZ, S. E.; DAGNINO, E.; ESCOBAR, A. (Orgs.). *Cultura e política nos movimentos sociais latino-americanos*. Novas leituras. Belo Horizonte: UFMG, 2000.

ALVESSON, M. *Organization theory and technocratic consciousness*: rational ideology and quality of work. New York: Walter de Gruyter, 1987.

_____; DEETZ, S. Critical theory and postmodernism approaches to organizational studies. In: CLEGG, S.; HARDY, C.; NORD, W. R. (Eds.). *Handbook of organization studies*. London: Sage, 1996.

_____; WILLMOTT, H. Critical theory and management studies: an introduction. In: _____; _____. (Eds.). *Critical management studies*. London: Sage, 1992.

_____; _____. *Making sense of management*: a critical introduction. London: Sage, 1996.

ANDREWS, C. KOUZMIN, A. O discurso da nova administração pública. *Lua Nova*, n. 45, p. 97-129, 1998.

ANTUNES, R. *Os sentidos do trabalho*. Ensaio sobre a afirmação e a negação do trabalho. São Paulo: Boitempo Editorial, 1999.

ARAÚJO, A. B. *O governo brasileiro, o Bird e o BID*: cooperação e confronto. Rio de Janeiro: Ipea, 1991.

ARROW, K. J. *Social choice and individual values*. New York: Wiley; London: Chapman & Hall, 1951.

AVRITZER, L. *A moralidade da democracia*. Uma interpretação habermasiana. Perspectiva, 1996.

_____. Teoria democrática e deliberação pública. *Lua Nova*, n. 49, p. 25-46, 2000.

_____. Sociedade civil, esfera pública e poder local: uma análise do orçamento participativo em Belo Horizonte e Porto Alegre. In: DAGNINO, E. *Sociedade civil e espaços públicos no Brasil*. São Paulo: Paz e Terra, 2002.

BAERT, P. Algumas limitações das explicações da escolha racional na ciência política e na sociologia. *Revista Brasileira de Ciências Sociais*, v. 12, n. 35, p. 63-73, out. 1997.

BAGGULEY, P. Post-fordism and enterprise culture. Flexibility, autonomy and changes in economic organization. In: KEAT, R.; ABERCROMBIE, N. (Eds.). *Enterprise culture*. London: Routledge, 1991.

BAIERLE, S. G. A explosão da experiência: emergência de um novo princípio ético-político nos movimentos populares urbanos em Porto Alegre. In: ALVAREZ, S. E.; DAGNINO, E.; ESCOBAR, A. (Orgs.). *Cultura e política nos movimentos sociais latino-americanos*. Novas leituras. Belo Horizonte: UFMG, 2000.

BANCO MUNDIAL. Sistemas financeiros e desenvolvimento. *Relatório sobre o desenvolvimento mundial — 1989*. Washington: Banco Mundial, 1989.

_____. O desafio do desenvolvimento. *Relatório sobre o desenvolvimento mundial — 1991*. Washington: Banco Mundial, 1991.

_____. Infraestrutura para o desenvolvimento. *Relatório sobre o desenvolvimento mundial — 1994*. Washington: Banco Mundial, 1994.

_____. O Estado num mundo em transformação. *Relatório sobre o desenvolvimento mundial — 1997*. Washington: Banco Mundial, 1997.

BARRETO, M. I. As organizações sociais na reforma do Estado brasileiro. In: BRESSER-PEREIRA, L. C.; GRAU, N. C. G. (Orgs.). *O público não estatal na Reforma do Estado*. Rio de Janeiro: FGV, 1999.

BATISTA, P. N. O Consenso de Washington: a visão neoliberal dos problemas latino-americanos. In: _____ et al. *Em defesa do interesse nacional*. Desinformação e alienação do patrimônio público. Rio de Janeiro: Paz e Terra, 1995.

BAVA, S. C. Os conselhos como instrumentos da sociedade civil. In: CARVALHO, M. Carmo; TEIXEIRA, A. C. Conselhos gestores de políticas públicas. *Pólis*, n. 37, p. 68-69, 2000.

BECKFORD, J. *Quality*: a critical introduction. London: Routledge, 1998.

BENDIX, R. *Work and authority in industry*. Ideologies of management in the course of industrialization. New York: Wiley, 1956.

BERLE, A. A.; MEANS, G. *A moderna sociedade anônima e a propriedade privada*. São Paulo: Nova Cultural, 1987.

BIELSCHOWSKY, R. *Pensamento econômico brasileiro*. O ciclo ideológico do desenvolvimentismo. Rio de Janeiro: Contraponto, 1988.

BLOCK, F. *The vampire state and others myths and fallacies about U. S. economy*. New York: The New Press, 1996.

BOGDANOR, V. Civil service reform: a critique. *The Political Quartely*, v. 72, n. 3, p. 291-299, July/Sep. 2001.

BOHMAN, J. La democracia deliberativa y sus críticos. *Metapolítica*, v. 4, n. 14, p. 48-57, abr./jun. 2000.

BOLTANSKI, L.; CHIAPELLO, E. *Le nouvel espirit du capitalisme*. Paris: Gallimard/NRF, 1999.

BONFIM, R. A atuação dos movimentos sociais na implantação e consolidação de políticas públicas. In: CARVALHO, M. Carmo; TEIXEIRA, A. C. Conselhos Gestores de Políticas Públicas. *Pólis*, n. 37, p. 63-67, 2000.

BOSCHI, R. R. *A arte da associação*: política de base no Brasil. São Paulo: Vértice, 1987.

BRESSER-PEREIRA, L. C. *Desenvolvimento e crise no Brasil*. Rio de Janeiro: Zahar Editores, 1968.

_____. *Estado e subdesenvolvimento industrializado*. São Paulo: Brasiliense, 1977.

_____. *A sociedade estatal e a tecnoburocracia*. São Paulo: Brasiliense, 1980.

_____. *Economia brasileira*: uma introdução crítica. São Paulo: Brasiliense, 1982.

_____. *Pactos políticos*: do populismo à redemocratização. São Paulo: Brasiliense, 1985.

_____. *Lucro, acumulação e crise*. São Paulo: Brasiliense, 1986.

_____. Da crise fiscal à redução da dívida. In: _____. (Org.). *Dívida externa*: crise e soluções. São Paulo: Brasiliense, 1989.

_____. Crise e renovação da esquerda na América Latina. *Lua Nova*, p. 41-54, set. 1990.

_____. *Populismo econômico*. Ortodoxia, desenvolvimentismo e populismo na América Latina. São Paulo: Nobel, 1991.

_____. *A crise do Estado*. Ensaios sobre a economia brasileira. São Paulo: Nobel, 1992.

_____. Reformas econômicas e crescimento econômico: eficiência e política na América Latina. In:_____; MARAVAL, J. M.; PRZEWORSKI, A. *Reformas econômicas em democracias novas*: uma proposta social-democrata. São Paulo: Nobel, 1996a.

_____. *Crise econômica e reforma do Estado no Brasil*. Para uma nova interpretação da América Latina. São Paulo: Editora 34, 1996b.

_____. Da administração pública burocrática à gerencial. *Revista do Serviço Público*, v. 120, n. 1, 1996c.

_____. Reforma do Estado nos anos 90: lógica e mecanismos de controle. *Cadernos Mare*, n. 1, Brasília, 1997.

_____. *Reforma do Estado para a cidadania*. A reforma gerencial brasileira na perspectiva internacional. Brasília: Enap/Editora 34, 1998a.

_____. Gestão do setor público: estratégia e estrutura para um novo Estado. In: _____; SPINK, P. (Orgs.). *Reforma do Estado e administração pública gerencial*. Rio de Janeiro: FGV, 1998b.

_____. Um novo Estado para a América Latina. *Novos Estudos Cebrap*, n. 50, p. 91-98, mar. 1998c.

_____. O neoliberal disfarçado ou os percalços de uma certa lógica. *Lua Nova*, n. 46, p. 221-225, 1999a.

_____. Sociedade civil: sua democratização para a reforma do Estado. In: _____; WILHEIM, J.; SOLA, L. *Sociedade e Estado em transformação*. São Paulo: Unesp; Brasília: Enap, 1999b.

_____. A reforma gerencial do Estado de 1995. *Revista de Administração Pública*, v. 34, n. 4, p. 7-26, 2000a.

_____. Esquerda nova e realista. *Folha de S. Paulo*, 30 jan. 2000b, Mais!, p. 16-18.

_____. The new left: a view from the south. In: GIDDENS, A. (Ed.). *The global third way debate*. Cambrigde: Polity Press, 2001.

_____. Uma estratégia de desenvolvimento com estabilidade. *Revista de Economia Política*, v. 22, n. 3, p.146-180, jul. 2002.

_____; GRAU, N. C. G. Entre o Estado e o mercado: o público não estatal. In: _____; _____. (Orgs.). *O público não estatal na reforma do Estado*. Rio de Janeiro: FGV, 1999.

_____; NAKANO, Y. *Inflação e recessão*. São Paulo: Brasiliense, 1984.

BUCHANAN, J. M.; TULLOCK, G. *The calculus of consent*: logical foundations of constitucional democracy. Ann Harbor: Michigan University Press, 1962.

BURAWOY, M. *Manufacturing consent*. Chicago: Chicago University Press, 1979.

BURKETT, P. Democracy and economic transitions. *Studies in Political Economy*, n. 52, p. 111-136, Spring, 1997.

BURNES, B. Recipes for organizational effectiveness: mad, bad or just dangerous to know? *Carrer Development International*, v. 3, n. 3, p. 100-106, 1998.

BURRELL, G.; MORGAN, G. *Sociological paradigms and organizational analysis*. Aldershot: Gower, 1979.

CALDAS, M. Em busca de um modelo abrangente para a difusão de modismos gerenciais: por que os consultores não são os únicos a culpar? In: _____; WOOD JR., T. (Orgs.). *Transformação e realidade organizacional*. Uma perspectiva brasileira. São Paulo: Atlas, 1999.

_____; WOOD JR., T. Para inglês ver: importação de tecnologia gerencial no Brasil. In: _____; _____. (Orgs.). *Transformação e realidade organizacional*. Uma perspectiva brasileira. São Paulo: Atlas, 1999.

CARDOSO, F. H. Da caracterização dos regimes autoritários na América Latina. In: COLLIER, D. (Org.). *O novo autoritarismo na América Latina*. Rio de Janeiro: Paz e Terra, 1979.

_____. *Mãos à obra Brasil*. Proposta de governo. Brasília, 1994.

_____; FALETTO, E. *Dependência e desenvolvimento na América Latina*. Ensaio de interpretação sociológica. Rio de Janeiro: Zahar Editores, 1970.

CARDOSO, R. C. Isso é Política? *Novos Estudos Cebrap*, n. 20, mar. 1988.

_____. A trajetória dos movimentos sociais. In: DAGNINO, E. (Org.). *Os anos 90*: política e sociedade no Brasil. São Paulo: Brasiliense, 1994.

CARVALHO, A. B. As vicissitudes da reforma gerencial no Brasil: uma abordagem analítica. In: ENCONTRO DA ANPAD, 23., 1999, Curitiba. *Anais...* Rio de Janeiro, 1999. CD-ROM.

CARVALHO, M. Carmo. *Eppur si muove...* Os movimentos sociais e a construção da democracia no Brasil.1997. 177p. Dissertação (Mestrado em Ciência Política) — IFCH, Unicamp, Campinas, 1997.

_____; FELGUEIRAS, D. Orçamento participativo no ABC. *Pólis*, n. 34, 2000.

_____; TEIXEIRA, A. C. Conselhos gestores de políticas públicas. *Pólis*, n. 37, p. 92-96, 2000.

CARVALHO, W. G. A reforma administrativa da Nova Zelândia nos anos 80-90: controle estratégico, eficiência gerencial e *accountability*. In: ENCONTRO DA ANPAD, 21., 1997, Rio das Pedras. *Anais...* Rio de Janeiro, 1997. CD-ROM.

CHEIBUB, Z. B. Reforma administrativa e relações trabalhistas no setor público: dilemas e perspectivas. *Revista Brasileira de Ciências Sociais*, v. 15, n. 43, p. 115-146, jun. 2000.

CLAD. *Uma nova gestão pública para a América Latina.* Caracas: Clad, 1998.

CLARK, T.; SALAMAN, G. The management guru as organizational witchdoctor. *Organization*, v. 3, n. 1, p. 85-107, 1996.

CLARKE, J.; NEWMAN, J. *The managerial state*: power, politics and ideology in remaking of social welfare. London: Sage, 1997.

CLEGG, S. R.; DUNKERLEY, D. *Organization, class and control.* London: Routledge, 1980.

_____; HARDY, C. Organizations, organization and organizing. In: _____; _____; NORD, W. R. (Eds.). *Handbook of organization studies.* London: Thousand Oaks; New Delhi: Sage Publications, 1996a.

_____, _____. Representations. In: _____; _____; NORD, W. R. (Eds.). *Handbook of organization studies.* London: Thousand Oaks; New Delhi: Sage, 1996b.

COCKETT, R. *Thinking the unthinkable*: thinks-tanks and the economic counter-revolution (1931-1983). London: Harper Collins Publishers, 1995.

COLLINS, D. Il a commencé a penser avant d'avoir rien appris: a processual view of the construction of empowerment. *Employee Relations*, v. 20, n. 6, p. 594-609, 1998.

_____. Born to fail? Empowerment, ambiguity and set overlap. *Personnel Review*, v. 28, n. 3, p. 208-221, 1999.

_____. *Management fads and buzzwords.* Critical-pratical perspectives. London: Routledge, 2000.

CONSELHO INTERNACIONAL DO FÓRUM SOCIAL MUNDIAL. *Carta de princípios do Fórum Social Mundial*. Porto Alegre, 2001.

CROCKER, D. Qualidade de vida e desenvolvimento: o enfoque normativo de Sen e Nussbaum. *Lua Nova*, n. 31, p. 99-133, 1993.

CRUZ, M. C. M. Desafios para o funcionamento eficaz dos conselhos. In: CARVALHO, M. Carmo; TEIXEIRA, A. C. Conselhos gestores de políticas públicas. *Pólis*, n. 37, p. 73-77, 2000.

CRUZ, S. C. Velasco e. As ideias do poder. Dependência, globalização, crise e o discurso de FHC. *Primeira Versão*, IFCH/Unicamp, n. 77, 1998.

DAGNINO, E. Os movimentos sociais e a emergência de uma nova noção de cidadania. In: _____. (Org.). *Os anos 90*: política e sociedade no Brasil. São Paulo: Brasiliense, 1997.

_____.Cultura, cidadania e democracia: a transformação dos discursos e práticas na esquerda latino-americana. In: ALVAREZ, S. E.; DAGNINO, E.; ESCOBAR, A. (Orgs.). *Cultura e política nos movimentos sociais latino-americanos*. Novas leituras. Belo Horizonte: UFMG, 2000.

DALAND, R. T. *Estratégia e estilo do planejamento brasileiro*. Rio de Janeiro: Lidador, 1969.

DAVEL, E.; ALCADIPANI, R. Estudos críticos em administração: a produção científica brasileira entre 1991 e 2001. *Revista de Administração de Empresas*, v. 43, n. 4, p. 72-85, out./dez. 2003.

DE BURGUNDY, J. Working daze: uncertainty and ambiguity in consulting. *Management Decision*, v. 33, n. 8, p. 51-55, 1995.

DE COCK, C.; HIPKIN, I. TQM and BRP: beyond the myth. *Journal of Management Studies*, v. 34, n. 5, p. 659-675, 1997.

DEEKS, J. *Business and the culture of enterprise society*. Westpost: Quorum Books, Connection, 1993.

DEMING, W. E. *Quality, productivity, and competitive position*. Cambridge: The MIT Press, 1982.

DENHAM, A. *Think-tanks of the new right*. Aldershot: Dartmouth Publishing Company, 1996.

_____; GARNETT, M. From "guru" to "godfather": Keith Joseph, "new" labour and the British conservative tradition. *The Political Quartely*, v. 72, n. 1, p. 97-106, jan./mar. 2001.

DESAI, R. Second-hand dealer in ideas: think-tanks and thatcherite hegemony. *New Left Review*, n. 203, p. 27-64, jan./fev. 1994.

DINIZ, E. Câmaras setoriais: seu alcance e seus limites. *Iuperj*, n. 6, p. 17-29, 1994.

_____. *Crise, reforma do Estado e governabilidade*. Brasil 1985-95. Rio de Janeiro: FGV, 1997.

_____. *Globalização, reformas econômicas e elites empresariais*. Rio de Janeiro: FGV, 2000.

DOIMO, A. M. *A vez e a voz do popular*. Movimentos sociais e participação política no Brasil pós-70. Rio de Janeiro: Relume-Dumará, Anpocs, 1995.

DOWNS, A. *An economic theory of democracy*. New York: Harper, 1957.

_____. *Inside bureaucracy*. Boston: Little, Brown, 1967.

DRUCKER, P. *The future of industrial man*: a conservative approach. Westport, Conn.: Greenwood Press, 1978.

_____. *A prática da administração de empresas*. Rio de Janeiro: Pioneira, 1981.

DUAILIBI, J. PSDB se esfacelou, diz cientista político. *Folha de S. Paulo*, 19 nov. 2001, p. A6.

DU GAY, P. Enterprise, culture and ideology of excelence. *New Formations*, n. 13, p. 45-61, 1991.

_____. Enterprise and its futures: a response to Fournier and Grey. *Organization*, v. 7, n.1, p. 165-183, 2000.

DUNLEAVY, P. *Democracy, bureaucracy and public choice*. Economic explanations in political science. New York; Harvester: London: Wheatsheaf, 1991.

DURHAM, E. R. Movimentos sociais — a construção da cidadania. *Novos Estudos Cebrap*, n. 10, p. 24-30, out. 1984.

ENTEMAN, W. F. *Managerialism*. The emergence of a new ideology. Madison, Wisconsin: University of Wisconsin Press, 1993.

ESPING-ANDERSEN, G. As três economias políticas do welfare state. *Lua Nova*, n. 24, p. 85-116, set. 1991.

EVERS, T. Identidade: a face oculta dos novos movimentos sociais. *Novos Estudos Cebrap*, v. 2, n. 4, p. 11-23, abr. 1984.

FAIRBROTHER, P. *Politics and the state as employer*. London: Mansell, 1994.

_____; SVENSEN, S.; TEICHER, J. The ascendency of neo-liberalism in Australia. *Capital & Class*, n. 63, p. 1-12, Autum 1997.

FAORO, R. *Os donos do poder*. Formação do patronato político brasileiro. São Paulo: Globo, 1995. v. 1 e 2.

FARNHAM, D.; HORTON, S. *Managing the new public services*. London: Macmillan, 1992.

FEDOZZI, L. J. *Do patrimonialismo à cidadania. Participação popular na gestão municipal*: o caso do orçamento participativo de Porto Alegre. 1996. 313p. Dissertação (Mestrado em Sociologia) — Instituto de Filosofia e Ciências Humanas, Universidade Federal do Rio Grande do Sul, Porto Alegre, 1996.

FERLIE, E. The new public management in the United Kingdom. Origins, implementation and prospects. In: *Managerial Reform of the State International Seminar*. Brazilian Ministry of Federal Administration and State Reform, United Nations Department for Economic and Social Affairs, Brasília, 1998.

_____ et al. *A nova administração pública em ação*. Brasília: Enap/UNB, 1999.

FERREIRA, A. L. S. Lages, um jeito de governar. *Pólis*, n. 5, 1991.

FINANCIAL MANAGEMENT INICIATIVE. *White paper on efficiency in the civil service*. London: HMSO, 1981.

_____. *Financial management in government departments*. London: HMSO, 1983.

FIORI, J. L. Para uma crítica da teoria latino-americana do Estado. In: _____. *Em busca do dissenso perdido*. Ensaios críticos sobre a festejada crise do Estado. Rio de Janeiro: Insight, 1995a.

_____. A globalização e a novíssima dependência. In: _____. *Em busca do dissenso perdido*. Ensaios críticos sobre a festejada crise do Estado. Rio de Janeiro: Insight, 1995b.

_____. O capitalismo e suas vias de desenvolvimento. In: HADDAD, F. (Org.). *Desorganizando o consenso*: nove entrevistas com intelectuais à esquerda. Petrópolis: Vozes, 1998.

FISCHER, F.; SIRIANNI, C. (Eds.). *Critical studies in organization and bureaucracy*. Philadelphia: Temple University Press, 1984.

FISCHER, S.; TRAY, D. Introduction. *Proceedings of the 1st World Bank Annual Conference on Development Economics*. Washington: World Bank, 1989, p. 1-9.

FORESTER, J. Critical theory and organizational analysis. In: MORGAN, G. (Ed.). *Beyond Method*. Beverly Hills, Ca: Sage, 1983.

FREDERICKSON, H. G. Comparing the reinventing government movement with new public administration. *Public Administration Review*, v. 56, n. 3, p. 263-270, 1996.

FRIEDMAN, M. *Capitalismo e liberdade*. São Paulo: Abril Cultural, 1982.

FULTON REPORT. *Report on the Committee on the Civil Service 1966-1968*. London: HMSO, 1968.

FURTADO, C. *O mito do desenvolvimento econômico*. São Paulo: Paz e Terra, 1974.

_____. *O capitalismo global*. São Paulo: Paz e Terra, 1998.

GAMBLE, A. *The free economy and the strong state*. The politics of thatcherism. Durham: Duke University, 1988.

GENRO, T. Teses para a criação de uma política democrática e socialista. In: _____. (Coord.). *Porto da cidadania*. A esquerda no governo de Porto Alegre. Porto Alegre: Artes e Ofícios, 1997.

_____. *O futuro por armar*. Democracia e socialismo na era globalitária. Petrópolis: Vozes, 1999.

_____. Cogestão: reforma democrática do Estado. In: FISCHER, N. B.; MOLL, J. (Orgs.). *Por uma nova esfera pública*. A experiência do orçamento participativo. Petrópolis: Vozes, 2000.

_____; SOUZA, U. *Orçamento participativo*. A experiência de Porto Alegre. São Paulo: Fundação Perseu Abramo, 1997.

GIDDENS, A. *As consequências da modernidade*. São Paulo: Unesp, 1991.

_____. O admirável mundo novo: o novo contexto da política. In: MILIBAND, D. (Org.). *Reinventando a esquerda*. São Paulo: Unesp, 1997.

_____. *A terceira via*. Reflexões sobre o impasse político atual e o futuro da social-democracia. Rio de Janeiro: Record, 1999.

_____. *A terceira via e seus críticos*. Rio de Janeiro: Record, 2001.

GILL, J.; WHITTLE, S. Management by panacea: accounting for transience. *Journal of Management Studies*, v. 30, n. 2, p. 281-295, 1992.

GLYN, A.; WOOD, S. Economy policy under New Labour: how social democratic is the Blair government? *The Political Quartely*, v. 72, n. 1, p. 50-66, Jan./Mar. 2001.

GOHN, M. G. *História dos movimentos e lutas sociais*. A construção da cidadania pelos brasileiros. São Paulo: Loyola, 1995.

_____. Os conselhos de educação e a reforma do Estado. In: CARVALHO, M. C.; TEIXEIRA, A. C. Conselhos gestores de políticas públicas. *Pólis*, n. 37, p. 35-40, 2000.

GOIS, A. Empresário já não teme PT, mas apoia FHC. *Folha de S. Paulo*, 22 out. 2002, p. A10.

GOLDENSTEIN, L. *Repensando a dependência*. Rio de Janeiro: Paz e Terra, 1994.

GONZALEZ, M. J. F. et al. *O Brasil e o Banco Mundial*. Um diagnóstico das relações econômicas: 1949-1989. Rio de Janeiro: Ipea, 1990.

GOTTFRIED, P. E. *After liberalism*. Mass democracy in the managerial state. Princeton, New Jersey: Princeton University Press, 1999.

GRAY, J. *O liberalismo*. Lisboa: Estampa, 1988.

_____. *Falso amanhecer.* Os equívocos do capitalismo global. Rio de Janeiro: Record, 1999.

GREEN, D. *The new right.* The counter-revolution in political, economic and social thought. New York: Wheatsheaf, 1987.

GREY, C. Towards a critique of managerialism: the contribution of Simone Weil. *Journal of Management Studies*, v. 33, n. 5, p. 591-612, 1996.

_____; MITEV, N. Re-engineering organizations: a critical appraisal. *Personnel Review*, v. 34, n. 1, p. 6-18, 1996.

GRINT, K. TQM, BPR, JIT, BSCs and TLAs: managerial waves or drownings? *Management Decision*, v. 35, n. 10, p. 731-738, 1997.

_____. Re-engineering history: social resonances and business process. *Organization*, v. 1, n. 1, p. 179-201, 1994.

_____; CASE, P. The violent rhetoric of re-engineering: management consultancy on the ofensive. *Journal of Management Studies*, v. 35, n. 5, p. 557-577, 1998.

GRUPO DE ESTUDOS SOBRE A CONSTRUÇÃO DEMOCRÁTICA. Os movimentos sociais e a construção democrática: sociedade civil, esfera pública e gestão participativa. *Ideias*, n. 5/6, p. 7-122, 1999.

GUEST, D. Right enough to be dangerously wrong: an analysis of the search of excellence phenomenon. In: SALAMAN, G. (Ed.). *Human resource strategies*. London: Sage, 1992.

HABERMAS, J. *Teoria de la acción comunicativa*. Madri: Taurus, 1987.

_____. *Between facts and norms*. Contributions to a discourse theory of law and democracy. Massachusetts: MIT Press, 1996.

HALLINGAN, J. The managerial reform of the state. MANAGERIAL REFORM OF THE STATE INTERNATIONAL SEMINAR. *Proceedings...* Brazilian Ministry of Federal Administration and State Reform, United Nations Department for Economic and Social Affairs, Brasília, 1998.

HAMMER, M.; CHAMPY, J. *Reengenharia*. Revolucionando a empresa. Rio de Janeiro: Campus, 1994.

HARVEY, D. *Condição pós-moderna*. São Paulo: Edições Loyola, 1992.

HAYEK, F. *O caminho da servidão*. Rio de Janeiro: Instituto Liberal, 1990.

HEELAS, P. Reforming the self. Enterprise and the characters of Thatcherism. In: KEAT, R.; ABERCROMBIE, N. (Eds.). *Enterprise culture*. London: Routledge, 1991.

HOLANDA, S. B. *Raízes do Brasil*. São Paulo: Companhia das Letras, 1996.

HOOD, C. A public management for all seasons? *Public Administration*, v. 69, p. 3-19, Spring 1991.

_____. Public service managerialism: onwards and upwards, or "trobriand cricket" again? *The Political Quartely*, v. 72, n. 3, p. 300-309, July/Sep. 2001.

HUCZYNSKI, A. *Management gurus*. What makes them and how become one. London: Routledge, 1993.

HUNT, E. K. *História do pensamento econômico*. São Paulo: Campus, 1981.

ISHIKAWA, K. *Controle de qualidade total*: a maneira japonesa. Rio de Janeiro: Campus, 1993.

JACKSON, B. G. Re-engineering the sense of self: the manager and the management guru. *Journal of Management Studies*, v. 33, n. 5, p. 571-590, 1996.

_____. *Management gurus and management fashions*: a dramatistic inquiry. London: Routledge, 2001.

JACOBI, P. *Movimentos sociais e políticas públicas*. São Paulo: Cortez, 1993.

_____. *Políticas sociais e ampliação da cidadania*. Rio de Janeiro: FGV, 2000.

JENKINS, K. A reforma do serviço público no Reino Unido. In: BRESSER-PEREIRA, L. C.; SPINK, P. (Orgs.). *Reforma do Estado e administração pública gerencial*. Rio de Janeiro: FGV, 1998.

JENSEN, M.; MECKLING, H. Theory of the firm: managerial behavior, agency costs and ownership structure. *Journal of Financial Economics*, v. 3, n. 4, p. 305-360, Oct., 1976.

JESSOP, B.; KEVIN, B.; BROMLEY, S. Farewell to thatcherism? Neo-liberalism and "new times". *New Left Review*, n. 179, p. 81-102, Jan./Feb. 1990.

JURAN, J. *Quality control handbook*. New York: McGraw-Hill, 1983.

KEELING, D. *Management in government*. London: Allen & Unwin, 1973.

KEINERT, T. M. Mezzomo. *Administração pública no Brasil*. Crises e mudanças de paradigmas. São Paulo: Annablume, Fapesp, 2000.

KIELY, R. Neo-liberalism revised? A critical account of World Bank concepts of good governance and market friendly intervention. *Capital & Class*, p. 63-88, Spring 1998.

KING, B. *Hoshin planning*: the development approach. New York: Goal/QPC, 1989.

KNIGHTS, D.; WILLMOTT, H. *Labour process theory*. London: Macmillan, 1990.

KRUGMAN, P. Los ciclos en las ideas dominantes con relación al desarrollo economico. *Desarrollo Economico*, n. 143, p. 715-731, oct./dic. 1996.

LAFER, C. *O sistema político brasileiro*: estrutura e processo. São Paulo: Perspectiva, 1975.

LANDIM, L. *A invenção das ONGs*: do serviço invisível à profissão sem nome. 1993. 2v. Tese (Doutorado em Antropologia Social) — Instituto de Filosofia e Ciências Sociais, UFRJ, Rio de Janeiro, 1993.

LICHTENSZTEJN, S.; BAER, M. *Fundo Monetário Internacional e Banco Mundial*. Estratégias políticas do poder financeiro. São Paulo: Brasiliense, 1987.

LIPIETZ, A. *Audácia*: uma alternativa para o século XXI. São Paulo: Nobel, 1991.

LITTLER, C. *The labour process in capitalist societies*. London: Tavistock, 1982.

LOUREIRO, M. R.; ABRUCIO, F. L. Burocracia e política na nova ordem democrática no Brasil. In: ENCONTRO DA ANPAD, 22., 1998, Curitiba. *Anais*... Rio de Janeiro, 1998. CD-ROM.

_____. Política e burocracia no presidencialismo brasileiro: o papel do Ministério da Fazenda no primeiro governo Fernando Henrique Cardoso. *Revista Brasileira de Ciências Sociais*, v. 14, n. 41, p. 69-89, out. 1999.

LÜCHMANN, L. H. H. *Possibilidades e limites da democracia deliberativa*: a experiência do orçamento participativo de Porto Alegre. 2002. 226p. Tese (Doutorado em Ciência Política) — IFCH, Unicamp. Campinas, 2002.

MacPHERSON, C. B. *A democracia liberal*: origens e evolução. Rio de Janeiro: Zahar, 1978.

MARE. *Plano diretor da reforma do aparelho do Estado*. Brasília: Presidência da República, Imprensa Oficial, nov. 1995.

_____. Organizações sociais. *Cadernos Mare*, n. 2, 1997a.

_____. Programa de qualidade e participação na gestão pública. *Cadernos Mare*, n. 4, 1997b.

_____. Agências executivas. *Cadernos Mare*, n. 9, 1998a.

_____. Programa de reestruturação e qualidade dos ministérios. *Cadernos Mare*, n. 12, 1998b.

_____. Avanços da reforma na administração pública (1995-1998). *Cadernos Mare*, n. 15, 1998c.

MARIA, C. *Meritocracia à brasileira*. A trajetória da carreira dos gestores governamentais. 2000. 145p. Dissertação (Mestrado em Administração Pública e Governo) — Eaesp, FGV, São Paulo, 2000.

MARQUAND, D. The enterprise culture: old wine in new bottles? In: HEELAS, P.; MORRIS, P. (Eds.). *The values of the enterprise culture:* the moral debate. London: Routledge, 1992.

MARQUES, E. C. Notas críticas à literatura sobre Estado, políticas estatais e atores políticos. *BIB*, n. 43, p. 67-102, 1º sem. de 1997.

MARTINS, L. Reforma da administração pública e cultura política no Brasil: uma visão geral. *Cadernos Enap*, n. 8, 1995.

McALLISTER, I.; VOWLES, J. The rise of new politics and market liberalism in Australia e New Zealand. *British Journal of Political Science*, v. 24, n. 3, p. 381-402, July 1994.

MESQUITA, A.; FERREIRA, S. Fortalecer o serviço público e valorizar a cidadania: a opção australiana. In: ENCONTRO DA ANPAD, 21., 1997, Rio das Pedras. *Anais...* Rio de Janeiro, 1997. CD-ROM.

MICKLETHWAIT, J.; WOOLDRIDGE, A. *Os bruxos da administração*. Rio de Janeiro: Campus, 1998.

MILIBAND, D. Introdução. In: _____. (Org.). *Reinventando a esquerda*. São Paulo: Unesp, 1997.

MINKLER, A. The problem with dispersed knowledge. Firms in theory and practice. *Kyklos*, v. 46, n. 3, p. 569-587, 1993.

MISES, L. von. *Omnipotent government*: the rise of the total state and total war. New Haven: Yale University Press, 1944.

_____. *Bureaucracy*. New Haven: Yale University Press, 1946.

_____. *A critique of intervencionism*. New Rochelle, New York: Arlington House, 1977.

MONTEIRO, J. V. *Economia & política*. Instituições de estabilização econômica no Brasil. Rio de Janeiro: FGV, 1997.

_____. *As regras do jogo*. O plano real: 1997-2000. Rio de Janeiro: FGV, 2000.

MORAES, R. C. C. Hayek e a teoria política do neoliberalismo econômico (I). *Textos Didáticos*, IFCH/Unicamp, n. 36, abr. 1999.

_____. *Neoliberalismo — de onde vem, para onde vai*. São Paulo: Senac, 2001.

_____. Reformas neoliberais e políticas públicas — hegemonia ideológica e redefinição das relações Estado-sociedade. *Revista Educação & Sociedade*, v. 23, n. 8, p. 13-24, 2002.

MORRIS, P. Freeing the spirit of enterprise. The genesis and development of the concept of enterprise culture. In: KEAT, R.; ABERCROMBIE, N. (Eds.). *Enterprise culture*. London: Routledge, 1991.

MOTTA, F. C. Prestes. Controle social nas organizações. *Revista de Administração de Empresas*, v. 33, n. 5, p. 68-87, set./out. 1993 (Revisitado por Isabella Gouveia de Vasconcelos e Thomaz Wood Jr.).

_____; BRESSER-PEREIRA, L. C. *Introdução à organização burocrática*. São Paulo: Brasiliense, 1986.

_____; VASCONCELOS, I. F. G. *Teoria geral da administração*. São Paulo: Pioneira Thomson Learning, 2002.

MUELLER, D. C. *Public choice II*. Cambridge: Cambridge University Press, 1989.

NAVARRO, V. Welfare e "keynesianismo militarista" na era Reagan. *Lua Nova*, n. 24, p. 189-210, set. 1994.

NAVARRO, Z. Democracia e controle social de fundos públicos — o caso do orçamento participativo de Porto Alegre (Brasil). In: BRESSER-PEREIRA, L. C.; GRAU, N. C. (Orgs.). *O Público não estatal na reforma do Estado*. Rio de Janeiro: FGV, 1999.

NEXT STEPS. *Improving management in government*: the next steps. London: The Efficiency Unit; HMSO, 1988.

_____. *Progress report on Next Steps*. London: The Next Steps Unit, 1994.

NISKANEN, W. *Bureaucracy and representative government*. London: Aldine-Atherton, 1971.

NOGUEIRA, M. A. Democracia política, governabilidade e representação. In: VIGEVANI, T. et al. *Liberalismo e socialismo*. São Paulo: Unesp, 1995.

_____. *As possibilidades da política*. Ideias para a reforma democrática do Estado. Rio de Janeiro: Paz e Terra, 1998.

NUSSBAUM, M.; SEN, A. *The quality of life*. Oxford: OUP, 1993.

O'DONNELL, G. Tensões no Estado autoritário-burocrático e a questão da democracia. In: COLLIER, D. (Org.). *O novo autoritarismo na América Latina*. Rio de Janeiro: Paz e Terra, 1979. (Apresentado inicialmente na "Conferência sobre História e Ciência Social", na Unicamp, 1975.)

OFFE, C. A "ingovernabilidade": sobre o renascimento das teorias conservadoras da crise. In: _____. *Problemas estruturais do Estado capitalista*. Rio de Janeiro: Tempo Brasileiro, 1984.

OLIVEIRA, F. A derrota da vitória: a contradição do absolutismo de FHC. *Novos Estudos Cebrap* n. 50, p. 13-21, mar. 1998.

_____ et al. Quanto melhor, melhor: o acordo das montadoras. *Novos Estudos Cebrap*, n. 36, p. 3-7, jul. 1993.

OSBORNE, D.; GAEBLER, T. *Reinventando o governo*. Brasília: MH Comunicação, 1994.

PARKER, M. The sociology of organizations and the organization of sociology: some reflections on the making of a division of labour. *The Sociological Review*, p. 124-146, 2000.

PATTISON, S. *The faith of the managers*. When management becomes religion. London: Cassel, 1997.

PAULA, A. P. Paes. *Reinventando a democracia*: ONGs e movimentos sociais na construção de uma nova gestão pública. 1998. 134p. Dissertação (Mestrado em Administração Pública e Governo) — Eaesp, FGV, São Paulo, 1998.

_____. Tragtenberg e a resistência da crítica: ensino e pesquisa na administração hoje. *Revista de Administração de Empresas*, v. 41, n. 3, jul./set., p. 77-81, 2001.

_____. Tragtenberg revisitado: as inexoráveis harmonias administrativas e a burocracia flexível. *Revista de Administração Pública*, v. 36, n. 2, p. 127-144, mar./abr. 2002.

_____. Guerreiro Ramos: resgatando o pensamento de um sociológico crítico das organizações. In: ENEO, 3, 2004, Atibaia. *Anais*...Porto Alegre: Anpad, 2004. CD-ROM.

PEARCE, E. The prophet of private profit. *Guardian*, Apr. 19, 1993.

PEREIRA, C. Em busca de um novo perfil institucional do Estado: uma revisão crítica da literatura recente. *BIB*, n. 44, p. 81-102, 2º sem. de 1997.

PERKIN, H. The enterprise culture in historical perspective: birth, life, death — and resurrection? In: HEELAS, P.; MORRIS, P. (Eds.). *The values of the enterprise culture*: the moral debate. London: Routledge, 1992.

PETERS, T. J. Tom Peters' true confessions. *Fast Company*, n. 53, p. 78, Dec., 2001.

_____; WATERMAN, R. H. *In search of excellence*. New York: Harper & Brown, 1982.

PINHO, J. A. G. Reforma do aparelho do Estado: limites do gerencialismo frente ao patrimonialismo. *Organizações & Sociedade*, v. 5, n. 12, p. 59-79, maio/ago. 1998.

POLLIT, C. *Managerialism and the public services*. Oxford: Basil Blackwell, 1990.

POPPER, K. R. *Sociedade aberta e seus inimigos*. Belo Horizonte: Itatiaia; São Paulo: Edusp, 1974.

_____. *Miséria do historicismo*. São Paulo: Cultrix, 1980.

PRADO JR., C. *Formação do Brasil contemporâneo*. São Paulo: Brasiliense, 1994.

PREBISCH, R. O desenvolvimento econômico da América Latina e seus problemas. *Revista Brasileira de Economia*, v. 3, n. 3, set. 1949.

RAICHELIS, R. *Esfera pública e conselhos de assistência social*. Caminhos da construção democrática. São Paulo: Cortez, 2000a.

_____. Os conselhos de gestão no contexto internacional. In: CARVALHO, M. Carmo; TEIXEIRA, A. C. Conselhos gestores de políticas públicas. *Pólis*, n. 37, p. 41-47, 2000b.

RAMOS, A. Guerreiro. A nova ignorância e o futuro da administração pública na América Latina. *Revista da Administração Pública*, v. 4, n. 2. p. 7-45, jul./dez. 1970.

_____. *A nova ciência das organizações*: uma reconceituação da riqueza das nações. Rio de Janeiro: FGV, 1983.

RANSON, S.; STEWART, J. *Management for the public domain*. Londres: Macmillan Press, 1994.

RAY, L. A Thatcher export phenomenon? The enterprise culture in Eastern Europe. In: KEAT, R.; ABERCROMBIE, N. *Enterprise culture*. London: Routledge, 1991.

REED, M. Organizational theorizing: a historically contested terrain. In: CLEGG, S. R., HARDY, C.; NORD, W. R. (Eds.). *Handbook of organization studies*. London: Thousand Oaks; New Delhi: Sage, 1996.

REVESZ, B. Redéfinition de l'État et gouvernabilité démocratique. *Cahiers des Ameriques Latines*, n. 26, p. 75-93, 1997.

REZENDE, F. C. *Por que falham as reformas administrativas?* Rio de Janeiro: FGV, 2004.

RHODES, R. A. The new governance: governing without government. *Political Studies*, v. 44, n. 4, p. 652-667, Sept., 1996.

RICHARDSON, R. As reformas no setor público da Nova Zelândia. In: BRESSER-PEREIRA, L. C.; SPINK, P. (Orgs.). *Reforma do Estado e administração pública gerencial*. Rio de Janeiro: FGV, 1998.

RODRIGUES, F. Avanço da direita ameaça "velha turma" da Terceira Via. *Folha de S. Paulo*, 24 fev. 2002, p. A4.

SACHS, I. *Espaços, tempos e estratégias de desenvolvimento*. São Paulo: Revista dos Tribunais, 1996.

_____. O Estado e os parceiros sociais: negociando um pacto de desenvolvimento. A reinvenção solidária e participativa do Estado. In: BRESSER-PEREIRA, L. C.; WILHEIM, J.; SOLA, L. *Sociedade e Estado em transformação*. São Paulo: Unesp; Brasília: Enap, 1999.

SADER, E. *Quando novos personagens entraram em cena*. Experiências, falas e lutas dos trabalhadores na Grande São Paulo. São Paulo: Paz e Terra, 1988.

SALAMAN, G. *Work organizations, resistance and control*. London: Longman, 1979.

_____; THOMPSON, P. *Control and ideology in organization*. Milton Keyens: Open University Press, 1980.

SANTOS, B. Souza. Participatory budgeting in Porto Alegre: toward a redistributive democracy. *Politics & Society*, v. 26, n. 4, p. 461-510, Dec. 1998.

_____. A reinvenção solidária e participativa do Estado. In: BRESSER-PEREIRA, L. C.; WILHEIM, J.; SOLA, L. *Sociedade e Estado em transformação*. São Paulo: Unesp; Brasília: Enap, 1999.

SANTOS, M. *Por uma outra globalização*: do pensamento único à consciência universal. Rio de Janeiro: Record, 2000.

SANTOS, N. Rodrigues dos. Implantação e funcionamento dos conselhos de saúde no Brasil. In: CARVALHO, M. Carmo; TEIXEIRA, A. C. Conselhos gestores de políticas públicas. *Pólis*, n. 37, p. 15-21, 2000.

SANTOS, T. *A teoria da dependência*. Balanço e perspectivas. Rio de Janeiro: Civilização Brasileira, 2000.

SCHUMPETER, J. A. *Capitalismo, socialismo e democracia*. Rio de Janeiro: Zahar, 1984.

SCHWARTZMAN, S. *Bases do autoritarismo brasileiro*. Rio de Janeiro: Campus, 1982.

_____. As ciências sociais nos anos 90. *Revista Brasileira de Ciências Sociais*, n. 16, p. 51- 59, jul. 1991.

_____. A força do novo. In: _____. *A redescoberta da cultura*. São Paulo: Edusp/Fapesp, 1997, p. 95-125.

SCLAR, E. Public service privatization: ideology or economics? *Dissent*, p. 329-353, Summer 1994.

SCOTT, A. Bureaucratic revolutions and free market utopias. *Economy and Society*, v. 25, n. 1, p. 89-110, Feb., 1996.

SEN, A. O desenvolvimento como expansão de capacidades. *Lua Nova*, n. 28/29, p. 313-333, 1993.

SENNET, R. *A corrosão do caráter*. Consequências pessoais do trabalho no novo capitalismo. Rio de Janeiro: Record, 1999.

SERRA, J. As desventuras do economicismo: três teses equivocadas sobre a conexão entre autoritarismo e desenvolvimento. In: COLLIER, D. (Org.). *O novo autoritarismo na América Latina*. Rio de Janeiro: Paz e Terra, 1979.

SILVA, C. C. A. Os fóruns temáticos da sociedade civil: um estudo sobre o Fórum Nacional da Reforma Urbana. In: DAGNINO, E. *Sociedade civil e espaços públicos no Brasil*. São Paulo: Paz e Terra, 2002.

SILVA, Luiz Inácio Lula da. Compromisso com a mudança. *Primeiro pronunciamento do presidente eleito à nação*. São Paulo, 28 out. 2002.

SINGER, P. Mercado e cooperação: um caminho para o socialismo. In: HADDAD, F. (Org.). *Desorganizando o consenso*: nove entrevistas com intelectuais à esquerda. Petrópolis: Vozes, 1998.

SMITH, A. A riqueza das nações: investigação sobre sua natureza e suas causas. São Paulo: Abril Cultural, 1983.

SMITH, J. A. The idea brokers: think-tanks and the rise of the new policy elite. New York, Toronto: The Free Press, Macmillan Inc., 1991.

SPINK, P. Reforming the reformers. The saga of public administrative reform in Latin America 1925-1995. 331p. Tese (Livre-Docência em Administração Pública) — Eaesp, FGV, São Paulo, 1998.

STAROBINAS, M. Blair é acusado de aderir ao "eixo ultraliberal" europeu. Folha de S. Paulo, 17 mar. 2002, p. A25.

STEFFY, B.; GRIMMES, A. A critical theory of organization science. Academy of Management Review, v. 11, p. 322-336, 1985.

TATAGIBA, L. Os conselhos gestores e a democratização das políticas públicas no Brasil. In: DAGNINO, E. Sociedade civil e espaços públicos no Brasil. São Paulo: Paz e Terra, 2002.

TAYLOR-GOOBY, P. Welfare, hierarquia e a nova "direita" na era Thatcher. Lua Nova, n. 24, p. 165-187, set. 1991.

TEIXEIRA, E. C. Efetividade e eficácia dos conselhos. In: CARVALHO, M. Carmo; TEIXEIRA, A. C. Conselhos gestores de políticas públicas. Pólis, n. 37, p. 92-96, 2000a.

_____. Conselhos de políticas públicas: efetivamente uma nova institucionalidade participativa. In: CARVALHO, M. Carmo; TEIXEIRA, A. C. Conselhos gestores de políticas públicas. Pólis, n. 37, p. 99-119, 2000b.

TENÓRIO, F. Gestão social: uma perspectiva conceitual. Revista de Administração Pública, v. 32, n. 5, p. 7-23, set./out. 1998.

_____. Flexibilização organizacional, mito ou realidade? Rio de Janeiro: FGV, 2000.

THOMPSON, G. The political economy of new right. London: Pinter Publishers, 1990.

TOLEDO, C. N. Estado Nacional e desenvolvimento capitalista no Brasil. In: COSTA, S. (Org.). Concepções e formação do Estado brasileiro. São Paulo: Anita Garibaldi, 1999.

TRAGTENBERG, M. Burocracia e ideologia. São Paulo: Ática, 1974.

TULLOCK, G. The politics of bureaucracy. Washington, D.C.: Public Affairs Press, 1965.

UDEHN, L. The limits of public choice. A sociological critique of the economic theory of politics. London: Routledge, 1996.

VILLAS-BOAS, R. (Org.). Participação popular nos governos locais. Publicações Pólis, n. 14, 1994.

WAHRLICH, B. A reforma administrativa no Brasil: experiência anterior, situação atual e perspectivas — uma apreciação geral. *Revista de Administração Pública*, v. 18, n. 1, p. 49-59, jan./mar. 1984.

WAINWRIGHT, H. *Uma resposta ao neoliberalismo*. Argumentos para uma nova esquerda. Rio de Janeiro: Zahar, 1998.

WALSH, J. I. When do ideas matter? Explaining the successes and failures of thatcherite ideas. *Comparative Political Studies*, v. 33, n. 4, p. 483-517, May 2000.

WALTON, M. *O método Deming de administração*. Rio de Janeiro: Marques Saraiva, 1989.

_____. *Método Deming na prática*. Rio de Janeiro: Campus, 1992.

WAMPLER, B. *Orçamento participativo*: os paradoxos de participação e governo em Recife: [s.ed.], 1999.

WEBER, M. *Economia e sociedade*. Fundamentos da sociologia compreensiva. Volume 2. Brasília: Unb, 1999.

WILKINSON, A. Empowerment: theory and practice. *Personnel Review*, v. 27, n. 1, p. 40-56, 1998.

_____; GODFREY, G.; MARCHINGTON, M. Bouquets, brickbats and blinkers: total quality and employee involvement. *Organization Studies*, v. 18, n. 5, p. 799-819, 1997.

_____; WILLMOTT, H. Total quality: asking critical questions. *Academy of Management Review*, v. 20, n. 4, p. 789-791, 1995.

WILLMOTT, H. Images and ideal of managerial work. *Journal of Management Studies*, v. 21, n. 3, p. 349-368, 1984.

_____. Studying managerial work: a critique and a proposal. *Journal of Management Studies*, v. 24, n. 3, p. 249-270, 1987.

_____. Business process and human resource management. *Personnel Review*, v. 23, n. 3, p. 34-46, 1994.

WOOD JR., T. Fordismo, toyotismo e volvismo: os caminhos da indústria em busca do tempo perdido. In: _____ (Coord.). *Mudança organizacional*. Aprofundando temas atuais em administração de empresas. São Paulo: Atlas, 1995.

_____. *Gurus, curandeiros e modismos gerenciais*. Gestão empresarial mais leve que o ar. São Paulo: Atlas, 1997.

_____. *Organizações espetaculares*. Rio de Janeiro: FGV, 2001.

_____. Espírito da época. *Carta Capital*, n. 175, p. 41, 6 fev. 2002.

_____; CALDAS, M. Antropofagia organizacional. In: _____; WOOD JR. (Orgs.). *Transformação e realidade organizacional*. Uma perspectiva brasileira. São Paulo: Atlas, 1999.

_____; PAULA, A. P. Paes de. Pop-management: pesquisa sobre as revistas populares de gestão no Brasil. In: ENCONTRO DA ANPAD (Associação Nacional dos Programas de Pós-Graduação em Administração), 26., 2002, Salvador. *Anais...* Salvador, 2002a. CD-ROM.

_____; _____. Pop-management. *Revista Ciência Empresarial*, v. 2, n. 1, p. 17-34, jan./jun. 2002b.

_____; _____. Pop-management: contos de paixão, lucro e poder. *Organizações & Sociedade*, v. 9, n. 24, p. 39-51, maio/ago. 2002c.

_____; _____ ; CALDAS, M. P. Stripping the "Big Brother": enterprise systems and corporate totalitarianism. In: INTERNATIONAL CONGRESS UNIVERSAL VALUES AND THE FUTURE OF SOCIETY, 2001, São Paulo. *Anais...* São Paulo: International Sociological Association, 2001.

_____; URDAN, F. T. Gerenciamento da qualidade total: uma revisão crítica. In: _____ (Coord.). *Mudança organizacional*. Aprofundando temas atuais em administração de empresas. São Paulo: Atlas, 1995.

Este livro foi impresso nas oficinas gráficas da Editora Vozes Ltda.,
Rua Frei Luís, 100 – Petrópolis, RJ.